中等职业教育规划教材

中职生法律案例解析

主　编　郎月田
副主编　董　静　邬　平
主　审　张俊英

中国人民大学出版社
·北京·

总 序

当前，中等职业教育“职业能力”培养的实施，课程与教学改革的推进已经越来越指向教与学这个最普通、最基本的行为，改变传统教学行为、向学科本位的教学思想宣战等说法已不鲜见。然而，在学校里，真正改变原有教与学行为方式的重要载体是教材，因此，教材建设成为中职课程与教学改革的重要环节。

为实现服务首都世界城市建设，培养高质量技能型人才的目标，北京市朝阳区教育委员会决定于“十二五”期间启动系列专业教材开发行动计划，这是全面提升职业教育办学水平的重大举措，也是区域职业教育教学改革和人才培养模式创新的重要历史任务。

本系列教材编写致力于突出“四个体现”：

第一，体现职教特色与学生终身发展需要。紧密结合社会经济发展和市场经济需求并与之相适应，关注中职学生认知规律和职业成长发展规律。

第二，体现职教课改思想。以工作过程系统化、典型工作任务为基础，以工作项目为载体，遵循“教学做合一”的基本原则。

第三，体现校企合作、工学结合的基本特征。教学内容符合岗位特点，针对工作任务训练技能，针对岗位标准实施考核评价。

第四，体现行动导向的教学思想。积极创新教学模式，遵循“以人为本”、“做中学”的教学原则，实施多样化的教学模式。

教材编写以建设现代高端职业教育为目标，以高标准、创品牌、出精品为宗旨。编写过程分为组建专业团队，全面开展培训，统一思想认识，组织团队研讨等阶段，同时经历了企业调研、专家指导、集中论证、专业把关、严格修改等必要环节。

系列教材的整个编写过程，对于广大一线教师而言，是一个不断成长和发展的过程，也是一个不断拓展和提升的过程。尽管他们的专业背景各有不同，对课改的理解和内化各有差异，但是，他们都很努力地投入到课程与教学改革实践中，去学习和感悟，尤其在编写过程中，他们的体验逐渐丰富，认识逐渐深化，研究水平逐渐提升。本套教材凝聚了职教教师在长期教学实践中的丰富经验和智慧，记载着他们不断探索、勇于创新的艰辛历程。可以说，教师们尽了自己最大的努力来表达他们对职教课改的研究和理解。

本套教材编写得到了北京市朝阳区委教育工委和区教委的高度重视，区教育研究中心承担了教材编写的研究、组织和指导工作，北京市部分职业学校积极参与了此项工作，一批优秀的骨干教师积极投身到教材编写工作中，并为此付出了辛勤的汗水。教材编写也得到了北京教育科学研究院有关领导、专家的指导，得到了相关行业协会、企业的大力支持，在此深表感谢！还要特别感谢中国人民大学出版社为教材出版所做的辛勤工作！

本系列教材的出版，尽管得益于众多专家的指导，经过编写团队的多次修改、加工，但受时间紧、任务重、水平有限的局限，仍然有许多不足之处，敬请批评指正！

编审委员会

2011 年 8 月 1 日

前　言

胡锦涛总书记强调指出："要加强法制教育，传播法律知识，弘扬法治精神，增强全社会的法律意识，形成法律面前，人人平等，人人自觉守法用法的社会氛围。"

中等职业学校担负着为我国培养数以万计具有较高素质的技能型专业技术人才及一线劳动者的光荣任务。宪法关于"实行依法治国，建设社会主义法治国家"的治国方略对未来劳动者的素质也提出了更高的要求。因此，在中等职业学校加强法制教育工作，提高中职生的法律素质是十分必要的。

本教材旨在预防和减少青少年犯罪，提高中职学生的法律素质，让学生在案例中掌握法律知识，分析法律问题，增强法律意识，提高就业竞争力和就业质量。本教材的编写严格遵循我国现行的法律、法规，力求概念准确、结构新颖，适合中职学生学习，注重理论联系实际。同时，本教材设计了形式新颖、可操作性强的案例分析、学习感悟、实例应用等项目，是一本与全国中等职业学校国家规划教材《职业道德与法律》相配套的教学参考、学习辅助用书。

本书由北京市电气工程学校的郎月田、董静、邬平编写。在此特别感谢苏佳焕、张文娟、张俊英、王龙祥等专家的指点。

由于水平有限，书中难免有诸多不足之处，恳请专家同行及广大读者多提宝贵意见。

编者

2011年6月

目录

第一单元 治安管理处罚法

第一节 打架

【案例介绍】

职业学校学生小龙放学后在家玩电脑，他的同班同学孟某找他求援说，外班的同学张某找了几个人在小龙家的楼下聚集，双方准备打群架，孟某也约了几个同学在小龙家楼下，让小龙跟着一起去凑热闹，帮个忙。小龙听了，没多想，便随孟某下了楼。刚到楼下，双方就打起群架来，小龙出于劝架的好意，上前推了对方来帮架的同学王某一下，本想推开对方，没想到站在他后面的孟某，从兜里掏出刀子朝王某扎去，将王某的胳膊扎伤。之后王某被送往医院，经诊断为轻微伤。

【案例讨论】

1. 小龙的行为违法吗？为什么？

2. 张某对王某被扎伤是否要负责任？为什么？

【要点提示】

一、轻伤与轻微伤的概念

（一）轻伤的概念

轻伤是指物理、化学及生物等各种外界因素作用于人体，造成组织、器官结构的一定程度的损害或者部分功能障碍，尚未构成重伤又不属轻微伤害的损伤。

（二）轻微伤的概念

轻微伤是指损伤程度明显轻微，不足以造成人身健康明显伤害，也不会遗留器官功能障碍的损伤。

二、相关法律规定

《中华人民共和国治安管理处罚法》（以下简称《治安管理处罚法》）第四十三条规定：殴打他人的，或者故意伤害他人身体的，处五日以上十日以下拘留，并处二百元以上五百元以下罚款；情节较轻的，处五日以下拘留或者五百元以下罚款。有下列情形之一的，处十日以上十五日以下拘留，并处五百元以上一千元以下罚款：

（1）结伙殴打、伤害他人的；

（2）殴打、伤害残疾人、孕妇、不满十四周岁的人或者六十周岁以上的人的；

（3）多次殴打、伤害他人或者一次殴打、伤害多人的。

《中华人民共和国民法通则》（以下简称《民法通则》）第一百一十九条规定：“侵害公民身体造成伤害的，应当赔偿医疗费、因误工减少的收入、残废者生活补助费等费用；造成死亡的，并应当支付丧葬费、死者生前扶养的人必要的生活费等费用。”

三、轻伤与轻微伤的区别

（一）性质的不同

（1）轻伤要负刑事责任，属于《中华人民共和国刑法》（以下简称《刑法》）调整的关系，致人轻伤构成犯罪。

（2）轻微伤不负刑事责任，属于《治安管理处罚法》和《中华人民共和国民法》（以下简称《民法》）调整的关系，致人轻微伤构成违法行为。

（二）调整的法规不同

（1）轻伤适用公安部关于《公安机关办理伤害案件规定》，其中第二十八条规定：“被害人伤情构成轻伤、重伤或者死亡，需要追究犯罪嫌疑人刑事责任的，依照《中华人民共和国刑事诉讼法》的有关规定办理。”轻伤属于自诉案件，可以直接向法院提起刑事自诉的同时提起附带民事赔偿请求，根据《刑法》的规定，故意伤害（轻伤）判处三年以下有期徒刑、拘役或管制。

（2）轻微伤适用公安部关于《公安机关办理伤害案件规定》，其中第二十九条规定：“根据《中华人民共和国刑法》第十三条及《中华人民共和国刑事诉讼法》第十五条第一项规定，对故意伤害他人致轻伤，情节显著轻微、危害不大，不认为是犯罪的，以及被害人伤情达不到轻伤的，应当依法予以治安管理处罚。”

（三）法律后果赔偿的标准不同

（1）轻微伤应根据实际发生的费用赔偿，包括医疗费、误工费、护理费等；实际支付的医疗费、误工费、住院伙食补助费、护理费等费用需要有相关票据证明。

（2）轻伤的赔偿包括医疗费用、误工费、护理费、交通费、住宿费、伙食补助、营养费，如果构成评残的标准，可以要求赔偿伤残赔偿金、被抚养人生活费。对于具体赔偿数额，各地的标准不一样。一般是医药费用的 5～8 倍。

【案例分析】

1. 结合法条分析：孟某纠集同学打群架并扎伤王某的行为是违法行为还是犯罪行为？

2. 结合法条分析：张某纠集王某等同学与孟某约架是否违法？为什么？

【学习感悟】

通过学习，我了解了＿＿＿＿

通过案例分析，我学会了＿＿＿＿

通过案例讨论，我提高了＿＿＿＿

通过案例讨论，我印象最深的是＿＿＿＿

【实例应用】

职业学校学生王某与本校的女生张某交朋友，两人感情甚好。李某是张某以前初中交过的男朋友，就读于另一所职业学校，他得知此事后，要求和张某重新交朋友，并要找王某“谈谈”。李某纠集了一些同学和社会青年来到王某就读的学校校门口，王某也找了几个同学帮忙。双方刚见面没说几句，便大打出手，李某把王某的鼻子打成骨折，王某血流满面，其他人见状也互相打斗起来，保安立即通知学校并报警。在老师和赶来的民警的阻止下，没有造成大的伤害，随即王某被送往医院救治，经鉴定为轻微伤。结合相关的法律知识分析：李某与王某的行为是否构成违法行为，为什么？李某对于给王某造成的伤害应承担哪些责任？

第二节　非法持有和携带管制刀具

【案例介绍】

职业学校的学生的王某、丁某、郭某为同一寝室的室友。某日三人放学在回宿舍的路上，看到有人摆摊卖刀，王某看上一把藏刀，郭某看上一把军刺，而丁某看上一把砍刀，于是三人经过与卖主砍价以每把40元成交。三人把刀买回去，在宿舍的床腿和墩布把上做实验看刀是否锋利，结果墩布把和床腿都被砍坏了。随后王某将藏刀带到学校，同学张某出于好奇，给了王某40元钱，让王某帮他买一把，被围观的李某发现并报告了老师。经班主任做工作，王某主动说出三人买刀的事情经过，并于第二天把三人买的刀交给班主任，后上交学校德育处进行了处理。

【案例讨论】

1. 王某、丁某、郭某在地摊上购买非法管制刀具的行为是否违法？为什么？

2. 王某、丁某、郭某把购买的藏刀、军刺、砍刀带到宿舍并砍坏床腿和墩布把的行为违法吗？为什么？

【要点提示】

一、相关法律规定

《治安管理处罚法》第三十二条规定："非法携带枪支、弹药或者弩、匕首等国家规定的管制器具的，处五日以下拘留，可以并处五百元以下罚款；情节较轻的，处警告或者二百元以下罚款。非法携带枪支、弹药或者弩、匕首等国家规定的管制器具进入公共场所或者公共交通工具的，处五日以上十日以下拘留，可以并处五百元以下罚款。"

《公安部关于收缴非法爆炸物品、枪支弹药、剧毒化学品和管制刀具的通告》第二条规定："严禁非法使用、持有爆炸物品；严禁携带爆炸物品搭乘公共交通工具或者进入公共场所；严禁私藏或者非法持有、携带枪支弹药；严禁携带管制刀具进入公共场所或者搭乘公共交通工具。"第五条规定："凡违反上述规定的，必须立即自首，并将非法爆炸物品、枪支弹药、剧毒化学品和管制刀具上交当地公安机关。"第六条规定："凡在本通告公布之日起 30 日内自首并交出上述非法物品的，依法从轻、减轻、免除或者不予处罚；逾期拒不自首、拒不交出非法物品的，依法从重处罚。"

《刑法》第一百三十条规定："非法携带枪支、弹药、管制刀具或者爆炸性、易燃性、放射性、毒害性、腐蚀性物品，进入公共场所或者公共交通工具，危及公共安全，情节严重的，处三年以下有期徒刑、拘役或者管制。"

二、管制刀具的种类

（1）匕首、三棱刀、三棱刮刀、半圆刮刀、侵刀、扒皮刀、羊骨刀、猎刀、弹簧刀；

（2）刀体八厘米以上，带自锁装置或非折叠式的单刃、双刃尖刀；

（3）武术用刀（能开刃的）、剑等器械；

（4）少数民族用的藏刀、腰刀、靴刀；

（5）其他可能危害社会治安的刀具。

【案例分析】

1. 王某购买藏刀后又带到学校给同学张某看的行为构成违法吗？为什么？

____

____

____

2. 张某要王某帮忙购买藏刀的行为违法吗？为什么？

____

____

____

【学习感悟】

通过学习，我了解了＿＿＿＿＿＿＿＿

通过案例分析，我学会了＿＿＿＿＿＿＿＿

通过案例讨论，我提高了＿＿＿＿＿＿＿＿

通过案例讨论，我印象最深的是＿＿＿＿＿＿＿＿

【实例应用】

某职业学校的学生张某与江某同住一个宿舍，两人因为卫生红旗评比发生争议。张某怕自己受欺负，将一把大砍刀带到学校，并在宿舍里给其他同学看。张某怕被老师发现，于是把砍刀藏在褥子底下。第二天，张某发现砍刀不见了，怀疑是被江某拿走了，于是二人在宿舍发生争执，随即打了起来，被班主任和住宿管理老师当场制止。当老师问及二人打架的原因时，张某才说出私带砍刀到宿舍的事情，后经老师调查，张某的砍刀被同宿舍的李某拿去给其他宿舍的赵某玩两天，调查清楚以后，学校德育处和班主任迅速将砍刀没收交公安机关，并对张某、李某、赵某进行了教育。试用相关的法律知识分析：张某把砍刀带到学校的行为是什么行为，为什么？因为怕吃亏把砍刀带到学校的理由成立吗？

第三节　寻衅滋事

【案例介绍】

职业学校学生李某、张某和赵某经常去网吧通宵上网，父母给的零用钱花光后，三人决定到初中学校去劫比他们年龄小的初中学生。他们先后拦住放学的学生周某和于某并对其索要20元；之后他们又向另一名放学的学生杨某索要钱财，被拒绝后，他们对杨某拳打脚踢，被人劝开后，又将杨某拉到公共厕所旁的墙角实施殴打，致使杨某受伤；随后三人又拦截放学回家的马某和吴某，马某答应第二天给他们送 30 元钱而得以脱逃，而吴某没有答应遭到三人的殴打。事发后，三人被公安机关抓获。经鉴定杨某和吴某被三人打成轻微伤。

【案例讨论】

1. 李某称当时他没动手打杨某，只是拽了一下杨某，他不应负责任。这种说法对吗？为什么？

2. 李某、张某和赵某三人到初中学校拦截放学回家的多名学生并实施殴打的性质是什么？有哪些危害？

【要点提示】

一、寻衅滋事的概念与形式

（一）寻衅滋事的概念

寻衅滋事是指在公共场所无事生非，起哄闹事，肆意挑衅，横行霸道，打群架，破坏公共秩序，尚未造成严重后果的行为。寻衅滋事的动机一般不是完全为了某种个人的利害冲突，也不是单纯为了取得某种物质利益，而是为了填补精神上的空虚，或者为寻求精神刺激，发泄对社会的不满，或是为了在某一地区称王称霸、显示威风，或是为了哥们儿义气进行报复等。寻衅滋事行为多发生在公共场所。

（二）寻衅滋事的形式

（1）结伙斗殴；

（2）追逐、拦截他人，即出于取乐、寻求精神刺激等不健康动机，无故无理追赶、拦挡他人，以及追逐、拦截异性等；

（3）强拿硬要或者任意损毁、占用公私财物的；

（4）其他寻衅滋事行为，主要是指上述行为以外的其他寻衅滋事扰乱公共秩序的行为。

二、相关法律规定

《治安管理处罚法》第二十六条规定：有下列行为之一的，处五日以上十日以下拘留，可以并处五百元以下罚款；情节较重的，处十日以上十五日以下拘留，可以并处一千元以下罚款：

（1）结伙斗殴的；

（2）追逐、拦截他人的；

（3）强拿硬要或者任意损毁、占用公私财物的；

（4）其他寻衅滋事行为。

《刑法》第二百九十三条规定：有下列寻衅滋事行为之一，破坏社会秩序的，处五年以下有期徒刑、拘役或者管制：

（1）随意殴打他人，情节恶劣的；

（2）追逐、拦截、辱骂他人，情节恶劣的；

（3）强拿硬要或者任意损毁、占用公私财物，情节严重的；

（4）在公共场所起哄闹事，造成公共场所秩序严重混乱的。

【案例分析】

1. 结合法律条文分析：李某、张某和赵某三人到学校拦截放学回家的初中学生的行为是违法还是犯罪？

2. 结合法律条文分析：学生杨某和吴某被打伤应由谁来负责，为什么？

【学习感悟】

通过学习，我了解了＿＿＿＿＿＿

通过案例分析，我学会了＿＿＿＿＿＿

通过案例讨论，我提高了＿＿＿＿＿＿

通过案例讨论，我印象最深的是＿＿＿＿＿＿

【实例应用】

职业学校学生李某与另一所职业学校的女生孙某交朋友，孙某与同宿舍的王某因为琐事发生了矛盾，孙某将此事告诉李某，李某为了给女朋友出气，纠集了赵某、吴某、张某、周某等人扬言要报复王某。他们每天在校门口拦截王某，或是向王某要钱，或是强要王某随身携带的东西，或是给王某当众难堪，王某稍有不从，就让孙某上前打王某，王某不能还手，否则李某等人就上手打王某。王某最终难以忍受报了警，于是李某等人被公安机关传讯，分别被处以不同的处罚。试用所学法律知识分析：李某等人行为的性质是什么，为什么？

第四节　侮辱他人

【案例介绍】

某职业学校的贴吧论坛中出现了化名为“菊花”发出的帖子，用下流语言指名道姓地侮辱和辱骂同校的女生小玉。帖子一经发出，立即在校内引起很大的轰动，面对如此人身攻击和同学们的风言风语，小玉十分气氛，向公安机关报了案。经调查，“菊花”的真实身份是该校女学生王某，因与小玉发生过矛盾，使用网名发帖子辱骂小玉。

【案例讨论】

1. 王某与小玉之间发生矛盾后，可否采取在网上发帖进行人身攻击的方式加以解决呢？

2. 如果你与同学之间发生了矛盾，你会采取王某的做法吗？为什么？

【要点提示】

一、侮辱他人的行政处罚

《治安管理处罚法》第四十二条规定：有下列行为之一的，处五日以下拘留或者五百元以下罚款；情节较重的，处五日以上十日以下拘留，可以并处五百元以下罚款：

（1）写恐吓信或者以其他方法威胁他人人身安全的；

（2）公然侮辱他人或者捏造事实诽谤他人的；

（3）捏造事实诬告陷害他人，企图使他人受到刑事追究或者受到治安管理处罚的；

（4）对证人及其近亲属进行威胁、侮辱、殴打或者打击报复的；

（5）多次发送淫秽、侮辱、恐吓或者其他信息，干扰他人正常生活的；

（6）偷窥、偷拍、窃听、散布他人隐私的。

二、相关法律规定

侮辱他人构成犯罪的适用《刑法》第二百四十六条第一款的规定：“以暴力或者其他方法公然侮辱他人或者捏造事实诽谤他人，情节严重的，处三年以下有期徒刑、拘役、管制或者剥夺政治权利。”

侮辱他人触犯民法的适用《民法通则》第一百零一条的规定：“公民、法人享有名誉权，公民的人格尊严受法律保护，禁止用侮辱、诽谤等方式损害公民、法人的名誉。”第一百一十九条的规定：“侵害公民身体造成伤害的，应当赔偿医疗费、因误工减少的收入、残废者生活补助费等费用；造成死亡的，并应当支付丧葬费、死者生前扶养的人必要的生活费等费用。”第一百二十条的规定：“公民的姓名权、肖像权、名誉权、荣誉权受到侵害的，有权要求停止侵害，恢复名誉，消除影响，赔礼道歉，并可以要求赔偿损失。”

【案例分析】

1. 结合法律条文分析：王某的行为属于什么行为，为什么？

2. 结合法律条文分析：公安机关可否对王某进行处罚，为什么？

【学习感悟】

通过学习，我了解了________

通过案例分析，我学会了________

通过案例讨论，我提高了________

通过案例讨论，我印象最深的是________

【实例应用】

某职业学校的学生赵某上课不听讲、抽烟、欺负同学，经班主任和德育处屡次教育仍不思悔改，于是他用“愤怒的使者”的网名在网上学校的贴吧里给老师起外号，侮辱谩骂老师，恶意攻击学校，给学校和老师带来了不好的影响。学校找到赵某对其进行批评教育，由于赵某的态度较好，一再恳请不要报告公安机关，学校为了给赵某改过的机会，就没有报案。试用所学法律知识分析：赵某恶意在网上攻击学校的声誉和谩骂老师的行为属于什么性质？为什么？

第二单元 刑法

第一节 犯罪的构成

【案例介绍】

某职业学校学生石某（17 岁）接到其女友曹某（16 岁，是另外一所职业学校的学生）打来的“求助”电话，曹某在电话中说：其同班的男同学张某（17 岁）要与其交朋友，曹某不同意，并告诉张某她已与石某交朋友。张某觉得很没面子，打电话给石某扬言要找人与石某次日放学在曹某的学校门口“谈谈”。石某接完电话后，找到同学李某（17 岁）、魏某（17 岁）并准备了一把砍刀。次日放学，石某带着李某和魏某与张某叫来的宋某、韩某等在曹某就读的某职业学校门口相遇，双方几句话后便大打出手。石某持刀将张某、宋某砍成轻伤。

【案例讨论】

1. 石某的行为是否构成犯罪？

2. 石某纠集李某和魏某持砍刀与张某等人大打出手是一种什么行为？

【要点提示】

一、犯罪和犯罪构成的概念

《刑法》第十三条规定："一切危害国家主权、领土完整和安全，分裂国家、颠覆人民民主专政的政权和推翻社会主义制度，破坏社会秩序和经济秩序，侵犯国有财产或者劳动群众集体所有的财产，侵犯公民私人所有的财产，侵犯公民的人身权利、民主权利和其他权利，以及其他危害社会的行为，依照法律应当受刑罚处罚的，都是犯罪，但是情节显著轻微危害不大的，不认为是犯罪。"

我国《刑法》中的犯罪构成，是指我国刑法规定的某种行为构成犯罪所必须具备的主观要件和客观要件的总和。

二、犯罪构成的四要件

犯罪构成的四要件包括以下内容。

（一）犯罪主体

犯罪主体是指实施了危害社会的行为，依法应负刑事责任的人。

1. 犯罪主体必须具备的条件

（1）实施了危害社会行为的自然人；

（2）达到法定刑事责任年龄的人；

（3）具有刑事责任能力的人。

以上三个条件必须同时具备，缺一不可。

2. 刑事责任年龄

（1）已满 16 周岁的人犯罪，应当负刑事责任。

（2）已满 14 周岁不满 16 周岁的人，犯故意杀人、故意伤害致人重伤或者死亡、强奸、抢劫、贩卖毒品、放火、爆炸、投毒罪的，应当负刑事责任。

（3）已满 14 周岁不满 18 周岁的人犯罪，应当从轻或者减轻处罚。

（4）因不满 16 周岁不予刑事处罚的，责令其家长或者监护人加以管教；在必要的时候，也可以由政府收容教养。

3. 特殊的刑事责任主体

（1）精神病人在不能辨认或者不能控制自己行为的时候造成危害结果，经法定程序鉴定确认的，不负刑事责任，但是应当责令他的家属或者监护人严加看管和医疗；在必要的时候，由政府强制医疗。间歇性的精神病人在精神正常的时候犯罪，应当负刑事责任。尚未完全丧失辨认或者控制自己行为能力的精神病人犯罪的，应当负刑事责任，但是可以从轻或者减轻处罚。

（2）醉酒的人犯罪，应当负刑事责任。

（3）聋哑人或者盲人犯罪，可以从轻、减轻或者免除处罚。

（二）犯罪客体

犯罪客体指我国《刑法》所保护的而为犯罪所侵害的社会主义社会关系。

我国《刑法》第十三条和分则的规定，具体指明了《刑法》所保护的社会关系的种类。

根据犯罪行为所侵犯的社会关系的层次，犯罪客体可分三种，即一般客体、同类客体、直接客体。

1. 一般客体

犯罪的一般客体是指一切犯罪共同侵犯的客体，也就是我国《刑法》所保护的整个社会主义社会关系。犯罪的一般客体揭示了一切犯罪的共同本质。研究犯罪的一般客体，对于从本质上认清我国《刑法》的任务，加深理解同犯罪作斗争的社会政治意义，是非常重要的。

2. 同类客体

犯罪的同类客体是指某一类犯罪所共同侵犯的客体，也就是我国《刑法》所保护的社会主义社会关系整体中的某一方面或者某一部分。我国《刑法》分则依据同类客体的理论将各种犯罪分为十大类。

3. 直接客体

犯罪的直接客体是指某一具体犯罪所直接侵犯的客体，也就是我国《刑法》所保护的某种具体的社会主义社会关系。犯罪的直接客体直接决定了犯罪的性质。

（三）主观方面

犯罪的主观方面亦称犯罪主观要件或者罪过，是指行为人对自己的危害社会的行为及其危害社会的结果所持的故意或者过失的心理态度。人在实施犯罪时的心理状态是十分复杂的，概括起来有故意和过失这两种基本形式，以及犯罪目的和犯罪动机这两种心理要素。犯罪的主观方面的内容见表 2—1。

表 2—1　　犯罪的主观方面

犯罪故意	直接故意	是指行为人明知自己的行为会发生危害社会的结果，并且希望这种结果发生的主观心理态度。
	间接故意	是指行为人明知自己的行为会发生危害社会的结果，并且放任这种结果发生的主观心理态度。
犯罪过失	疏忽大意过失	是指行为人应当预见自己的行为可能发生危害社会的结果，因为疏忽大意而没有预见，以致发生这种结果的主观心理态度。
	过于自信过失	是指行为人已经预见到自己的行为可能发生危害结果，但是轻信能够避免，以致发生这种结果的主观心理态度。

（四）客观方面

犯罪客观方面，亦称犯罪客观要件，是指《刑法》规定的构成犯罪在客观活动方面所必须具备的条件。如表 2—2 所示。

表 2—2　　犯罪的客观方面要素

危害社会行为	从一般意义上说，人的行为是指表现人的主观心理状态的外部动作。但是《刑法》所讲的行为，不是一般的行为，而是具有特殊含义的危害行为。它是指表现人的犯罪心理状态，为《刑法》所禁止的危害社会的行为。	作为	是指行为人用积极的动作来实施的危害社会的行为，作为是犯罪中最常见的一种形式，许多犯罪也只能表现为作为的形式，如果行为人不采取积极的行动，那么犯罪意图就不可能实现。
		不作为	是指行为人有义务并且能够实行某种行为，而消极地不去履行这种义务，因而造成严重的危害后果的行为，所以，不作为是人的一种消极行为。
危害社会结果	是指危害社会的行为对我国《刑法》所保护的社会关系所造成的损害。		
《刑法》上的因果关系	是指人的危害行为与危害结果之间存在的引起与被引起的关系。		
选择要件	是指犯罪的时间、地点和方法。		

【案例分析】

1. 结合法条分析：石某砍伤张某和宋某的犯罪主体条件是什么？

2. 结合法条分析：石某砍伤张某和宋某所侵害的客体是什么？

3. 结合法条分析：石某实施砍伤张某和宋某犯罪的主观方面是怎样的？

4. 结合法条分析：石某实施砍伤张某和宋某犯罪的客观方面是什么？

5. 结合法条，就犯罪四个构成要件派代表汇报讨论结果，老师引导学生将犯罪四个构成要件的法学原理综合带入案例进行分析。

______

______

______

【学习感悟】

通过学习，我了解了______

通过案例分析，我学会了______

通过案例讨论，我提高了______

通过案例讨论，我印象最深的是______

______

【实例应用】

某职校学生门某（17 岁），因与外班同学李某（17 岁）发生矛盾，于是趁放学之际，纠集了自己的一群所谓“哥们弟兄”到住宿区李某住宿的房间，其他班的同学刘某从背包了拿出了砍刀提供给门某，门谋与李某没说两句便动起手来。门某挥刀向李某砍去，致使李某身上 17 处刀伤，造成重伤。事后，门某和刘某分别被公安机关逮捕。试用法律分析门某等人的犯罪构成要件。

1. 犯罪主体：______

2. 犯罪客体：______

3. 主观方面：______

______

______

4. 客观方面：______

______

______

第二节　犯罪形态

【案例介绍】

某职校学生袁某（16 岁）、王某（17 岁）、张某（17 岁），非常喜欢摩托车，他们不仅寻求骑摩托车的刺激，还想拥有更多的摩托车，于是他们动了盗窃摩托车的念头。2011 年 3 月的一个夜里，他们带着专用的作案工具准备作案，在去作案的路上王某接到家人电话而提前离开，于是袁某和张某一起实施了盗窃摩托车的行动，当二人得手后正要离开作案现场时，被正在巡逻的联防队员抓获送往公安机关。

【案例讨论】

1. 袁某、王某、张某实施盗窃摩托车犯罪活动的心理状态是什么？

2. 袁某、张某二人盗窃摩托车被抓获和王某中途被家人叫走的主、客观原因是什么？

【要点提示】

犯罪形态，是指犯罪在其产生、发展和完成的过程及阶段中，因主客观原因而停止下来的各种犯罪状态。

一、犯罪既遂

犯罪既遂是故意犯罪的完成形态，是指行为人所故意实施的行为已经具备了某种犯罪构成的全部要件。确认犯罪既遂与否，应以行为人所实施的行为是否具备了《刑法》分则所规定的某一犯罪的基本犯罪构成的全部构成要件为标准，而不能以犯罪目的达到或者以犯罪结果发生作为犯罪既遂的标准。

根据构成要件说，只要犯罪实行行为完全具备犯罪构成要件，即便没有发生具体的犯罪结果或者没有实现行为人预期的犯罪目的，也构成犯罪既遂。

二、犯罪未遂

（一）犯罪未遂的概念

《刑法》第二十三条第一款规定：“已经着手实行犯罪，由于犯罪分子意志以外的原因而未得逞的，是犯罪未遂。”

（二）犯罪未遂的特征

（1）已经着手实行犯罪。

（2）犯罪没有得逞。

（3）犯罪没有得逞是由于犯罪分子意图以外的原因。这是犯罪未遂的又一重要特征，是犯罪未遂区别于犯罪中止的基本标志。

三、犯罪中止

（一）犯罪中止的概念

犯罪中止是指自动放弃犯罪或者自动有效防止犯罪结果发生的行为。

（二）犯罪中止的特征

（1）行为人主观上具有中止犯罪的决意。

（2）行为人客观上实施了中止犯罪的行为。

（3）犯罪中止必须发生在犯罪过程中，而不能发生在犯罪过程之外。

（4）犯罪中止必须是有效地停止了犯罪行为或者有效地避免了危害结果。

犯罪中止有的是由于惧怕受到刑罚的惩罚；有的是由于他人的劝说而改变了原来的犯罪意图；有的是由于良心发现，幡然悔悟，改变了自己的犯罪意图；有的则是出于对被害人的怜悯，转而防止犯罪结果的出现。犯罪中止的主观原因，不影响犯罪中止的成立。

四、犯罪预备

（一）犯罪预备的概念

犯罪预备是指为了实施犯罪而准备工具、制造条件的行为。

（二）犯罪预备的特征

1. 行为人主观上具有犯罪的故意

即犯罪预备的目的是顺利地进行犯罪活动，实现犯罪意图，体现了预备犯的主观恶性，这是追究其刑事责任的主观依据。

2. 行为人已经为实施犯罪进行了准备活动

这种准备活动在法律上主要规定为两种情况：

（1）为实施犯罪准备工具和物品的行为；

（2）为达到犯罪目的创造条件的行为，主要指准备工具以外的其他创造条件的行为。

准备的工具和物品包括用以杀伤、威胁被害人的各类凶器物品；用以伪造货币、票证、文印的各类器具材料；用以掩护犯罪活动、排除障碍物、销毁罪证的各类工具物品等。准备工具和物品的手段、方法也各不相同，主要有制造、修理、改装、购买、借用、骗取、窃取等。如为实施犯罪，事先察看犯罪现场、选择犯罪时机、探听被害人行踪、演习犯罪手段和技巧、拟定犯罪实施计划、寻找犯罪同伙等。

根据《刑法》的规定，对预备犯，可以比照既遂犯从轻、减轻处罚或者免除处罚。

【案例分析】

1. 结合法条分析：袁某、王某、张某三个人盗窃摩托车的犯罪形态是否一样？

2. 结合法条分析：袁某、王某、张某三个人盗窃摩托车的犯罪形态分别属于哪一种？

【学习感悟】

通过学习，我了解了________

通过案例分析，我学会了________

通过案例讨论，我提高了________

通过案例讨论，我印象最深的是________

【实例应用】

【案例一】 某职高生小李携带凶器去报复小王，路上巧遇闪烁警灯的警车，看到警察和警车，小李心里非常害怕，又想到小王曾经是自己最好的哥们，于是打消了报复小王的念头，返回家去，因而未着手实行报复行为。试分析：小李实施犯罪行为的形态是什么？

【案例二】 刘某准备去某仓库行窃，于是先去仓库周围“踩点”。某夜，刘某按照预先观察好的路线进入仓库行窃，在搬东西时，碰翻了堆放在仓库中的水桶，水桶发出巨大响声。刘某大恐，急忙逃走。试分析：刘某实施犯罪行为的形态是什么？

第三节　正当防卫

【案例介绍】

职高生赵某痴迷于网络游戏，经常去网吧，父母知道后非常生气，不再给他零用钱，于是赵某到距网吧较近的某重点中学门口实施抢劫，一天赵某携带刀子劫持高中生王某，王某奋力抵抗，在搏斗中赵某不慎被刀子刺中腹部造成重伤。于是赵某的家长把王某诉至法院，要求依法追究王某的刑事责任。

【学习讨论】

1. 法院是否会支持赵某家长的诉讼请求？

2. 王某的行为应当如何认定？

3. 王某对赵某是否应承担刑事责任？

【要点提示】

一、正当防卫的概念和成立条件

（一）正当防卫的概念

根据我国《刑法》第二十条第一款规定："为了使国家、公共利益、本人或者他人的人身、财产和其他权利免受正在进行的不法侵害，采取的制止不法侵害的行为，对不法侵害人造成损害的，属于正当防卫，不负刑事责任。"

（二）正当防卫的特征

（1）必须有不法侵害存在。

（2）不法侵害并非仅限于犯罪行为。不法侵害的范围包括违法行为和犯罪行为。

（3）不法侵害必须是现实存在的。至于不法侵害的程度，通常限于具有暴力性、破坏性、紧迫性的不法侵害行为。

（4）不法侵害通常应是人所实施的。

事实上不存在不法侵害，行为人误认为存在不法侵害而对臆想中的侵害进行防卫，属于假想防卫。对于假想防卫，应视行为主观上有无过失而予以不同的处理。

（三）正当防卫的成立条件

1. 时间条件

正当防卫的时间条件，是指正当防卫只能在不法侵害正在进行之时实行，不能实行事前防卫和事后防卫。

2. 对象条件

正当防卫的对象条件，是指正当防卫只能针对不法侵害者本人实行，不能及于第三者，至于不法侵害者是否达到法定刑事责任年龄，是否具有刑事责任能力，并不影响正当防卫的成立。对于未成年人以及精神病人以及精神病人实施的不法侵害，只要具有紧迫性，不管事前是否知道其为未达法定刑事责任年龄或者无刑事责任能力人，都可以对其进行防卫反击。但在防卫手段上应有所节制。

3. 主观条件

正当防卫的主观条件，是指防卫人主观上必须出于正当防卫的目的，即是为了国家、公共利益、本人或者他人的人身、财产和其他权利免受不法侵害。不是出于上述目的，不能成立正当防卫。因此，下列三种行为，不是正当防卫：

（1）防卫挑拨，是指行为人出于侵害的目的，以故意挑衅、引诱等方法促使对方进行不法侵害，尔后借口防卫加害对方的行为。

（2）相互的非法侵害行为，是指双方都出于侵害对方的非法意图而发生的相互侵害行为。

（3）为保护非法利益而实行的防卫。

4. 限度条件

正当防卫的限度条件，是指正当防卫不能明显超过必要限度且造成重大损害。是否明显超过必要限度并造成重大损害，是区别防卫的合法与非法、正当与过当的一个标志。

二、无限防卫权

所谓无限防卫权，有的称特殊防卫权，是指公民在某些特定情况下所实施的正当防卫行为，没有必要限度的限制，对其防卫行为的任何后果均不负刑事责任。《刑法》第二十条第三款规定："对正在进行行凶，杀人、抢劫、强奸、绑架以及其他严重危及人身安全的暴力犯罪，采取正当行为，造成不法侵害人伤亡的，不属于防卫过当，不负刑事责任。"根据该款规定，实施无过当防卫，首先，必须具备正当防卫成立的上述相关条件。其次必须是针对正在行凶、杀人、抢劫、强奸、绑架等严重危及人身安全的暴力犯罪。

三、防卫过当及其刑事责任

（一）防卫过当

1. 防卫过当的概念

防卫过当，是指防卫行为明显超过必要限度，对不法侵害人造成重大损害。

2. 防卫过当的特征

（1）在主观上对过当行为及其结果具有罪过。至于罪过的形式，只能是间接故意或者过失。

（2）在客观上实施明显超过必要限度的行为，并对不法侵害人造成了重大的损害。

（二）防卫过当的刑事责任

防卫过当行为的罪名，应当根据具体过当行为的性质，以及行为人的罪过形式，并依据刑法分则有关条款予以确定。

对于防卫过当行为的量刑，我国《刑法》第二十条第二款规定："正当防卫明显超过必要限度造成重大损害的应当负刑事责任，但是应当减轻或者免除处罚。"根据司法实践经验，具体适用该款规定对犯罪人减轻或者免除处罚，应当综合考虑如下因素。

1. 防卫目的

为保护国家、公共利益、他人合法权益而防卫过当的。较之为保护自己合法利益而防卫过当的，前者的处罚应更轻。

2. 过当程度

即所造成重大的损害后果与必要限度的差距。轻微过当，则罪行轻微，处罚亦应轻微；严重过当，则罪行严重，处罚相对要重。

3. 罪过形式

疏忽大意的过失、过于自信的过失、间接故意，从前到后，减轻处罚乃至免除处罚的幅度与可能性应当是依次递减的。

4. 权益性质

为保护重大权益而防卫过当，较之为保护较小权益而防卫过当，前者的处罚应当更轻。

【案例分析】

1. 结合法条分析：王某对赵某的行为是否属于正当防卫？

2. 结合法条分析：王某对赵某的防卫行为是否超过了必要的限度？

3. 结合法条分析：王某对赵某的防卫行为是否构成无限防卫权？

【学习感悟】

通过学习，我了解了________

通过案例分析，我学会了________

通过案例讨论，我提高了________

通过案例讨论，我印象最深的是________

【实例应用】

【案例一】 职高生赵某到网吧上网恰遇中学生钱某，两人为争到一个好一点的位置而发生争吵，赵某骂了钱某，钱某随即掏出随身携带的水果刀将赵某扎伤。试用已学法律知识分析：钱某行为是否构成正当防卫？

【案例二】 职高生赵某苦于想到网吧上网而没有钱，某日晚上他拦住中学生钱某，持刀架在钱某脖子上要求其把钱拿出来。钱某苦苦哀求赵某放过自己，此时赵某觉得钱某可怜，便抽身离开。看着赵某离去的背影，钱某从地上捡起砖头从背后向赵某砸去，将赵某砸伤。试用已学法律知识分析：钱某行为是否构成正当防卫？

【案例三】 职高生赵某苦于想到网吧上网而没有钱，某日晚上他拦住中学生钱某，持刀架在钱某脖子上要求其把钱拿出来，钱某奋力抵抗，在二人搏斗的过程中，路过此地身着便装的民警张某上前劝阻，恰遇远处赶来的钱某的同学李某，李某误认为张某与赵某是一伙的，随即从地上捡起砖头朝张某头上砸去，造成张某头部受重伤。试用已学法律知识分析：李某行为是否构成正当防卫？为什么？

【案例四】 职高生赵某到网吧上网恰遇中学生钱某，两人为争到一个好一点的位置，而发生争吵，事后俩人约好第二天带人打架分出胜负。次日赵某带人与钱某带人大打出手，在群殴中赵某的腹部被钱某用刀刺中，造成重伤。试用已学法律知识分析：钱某行为是否构成正当防卫？

第四节 紧急避险

【案例介绍】

【案例一】 某轮渡在春运期间超载运送货物和某中学的学生。当船行至河中心时，由于船载货物过重，为了船上的大部分货物和学生的生命安全，船长命令船员将一部分货物抛入河中。

【案例二】 某职业学校组织学生到山区游览，学生张某与同学玩得兴致正高，看到一处悬崖峭壁上有一棵松树，于是攀爬到峭壁上去照相，不料脚下一滑险些跌入山涧，幸好抓住旁边同学李某的衣服幸免于难，结果把李某衣服扯坏，张某随身带的相机也掉下悬崖。

【案例讨论】

1. 你是否支持案例一中船长的做法？为什么？

2. 案例一中船长的行为属于什么行为？

3. 案例二中张某的行为属于什么行为？

4. 案例二中张某是否应负法律责任？

【要点提示】

一、紧急避险的概念和成立条件

（一）紧急避险的概念

按照《刑法》第二十一条第一款的规定，紧急避险，是指为了国家、公共利益、本人或者他人的人身、财产和其他权利免受正发生的危险，不得已而采取的损害另一较小合法权益的行为。

（二）紧急避险的成立条件

紧急避险成立必须具备以下条件。

1. 起因条件

紧急避险的起因条件，是指必须有需要避免的危险存在。

2. 时间条件

紧急避险的时间条件，是指危险必须正在发生。

3. 对象条件

紧急避险的本质特征，就是为了保全一个较大的合法权益，而将其面临的危险转嫁给另一个较小的合法权益。因此，紧急避险的对象，只能是第三者的合法权益，即通过损害无辜者的合法权益保全公共利益、本人或者他人的合法权益。

4. 主观条件

紧急避险的主观条件即行为人必须有正当的避险意图。

5. 限制条件

紧急避险只能是出于迫不得已。所谓迫不得已，是指当危害发生之时，除了损害第三者的合法权益之外，不可能用其他方法来保全另一合法权益。

6. 限度条件

紧急避险的限度条件，是指紧急避险不能超过必要限度造成不应有的损害。所谓必要限度，是指紧急避险行为所引起的损害必须小于所避免的损害。“必要损害”的认定，应掌握以下标准：

（1）一般情况下，人身权利大于财产权益。

（2）在人身权利中，生命是最高权利。

（3）在财产权益中，应以财产价值过去时行比较，从而确定财产权利的大小。

（4）当公共利益与个人利益不能两全时，应根据权益的性质及内容确定权利的大小，并非公共利益永远高于个人利益。

7. 特别例外限制

根据我国《刑法》第二十一条第三款规定，紧急避险的特别例外限制，是指为了避免本人遭受危险的法律规定，不适用于职务上、业务上有特定责任的人。

二、避险过当及其刑事责任

（一）避险过当的概念和特征

1. 避险过当的概念

避险过当是指避险行为超过必要限度造成不应有损害的行为。根据《刑法》规定，避险过当应当负刑事责任。

2. 避险过当的特征

（1）行为人在客观上实施了超过必要限度的避险行为，并造成合法权益不应有的损害。

（2）行为人在主观上对避险过当行为具有罪过。避险过当的罪过只能是间接故意或者过失。

（二）避险过当的刑事责任

避险过当以紧急避险为前提。其目的仍然是为了保护合法权益免遭侵害，故其社会危害性和行为人的主观恶性都较小，依照我国《刑法》第二十一条第二款规定，对避险过当的，应当减轻或者免除处罚。

三、紧急避险与正当防卫的异同

（一）紧急避险与正当防卫的相同点

1. 目的相同

两者都是为了保护国家、公共利益、本人或他人的合法权益。

2. 前提相同

两者都必须是合法权益正在受到侵害时才能实施。

3. 责任相同

两者超过法定的限度造成相应损害后果的，都应当负刑事责任，但应减轻或者免除处罚。

（二）紧急避险与正当防卫的区别

1. 危害的来源不同

正当防卫的危害来源只能是人的违法犯罪行为；紧急避险的危害来源既可能是人的不法侵害，也可能是自然灾害，还可能是动物的侵袭或者人的生理、病理疾患等。

2. 行为的对象不同

正当防卫行为的对象只能是不法侵害者本人，不能针对第三者，是正义与邪恶的较量；而紧急避险行为的对象则必须是第三者，是合法行为对他人合法权利的损害。

3. 行为的限制不同

正当防卫行为的实施是出于必要，即使能够用其他方法避免不法侵害，也允许进行正当防卫；而紧急避险行为的实施则出于迫不得已，除了避险以外别无其他选择。

4. 行为的限度不同

正当防卫所造成的损害，既可以小于，也可以大于不法侵害行为可能造成的损害，而紧急避险对第三者合法权益所造成的损害，则只能小于危险可能造成的损害。

5. 主体的限定不同

正当防卫是每个公民的法定权利，是人民警察执行职务时的法定义务；紧急避险则不适用于职务上、业务上负有特定责任的人。

【案例分析】

1. 结合法条分析：案例一和案例二有什么共同之处？

2. 结合法条分析：案例一中船长的做法可取吗？船长命令船员将货物抛到河中是否应负法律责任？

3. 结合法条分析：案例二中张某对李某是否应负刑事责任？

【学习感悟】

通过学习，我了解了______

通过案例分析，我学会了______

通过案例讨论，我提高了______

通过案例讨论，我印象最深的是______

______

【实例应用】

某职业学校学生王某因坐车与外校学生李某发生口角，李某叫来社会青年在放学的路上持刀报复王某，王某见状不顾一切地逃跑，李某等人大声喊“抓小偷”，正巧张某从此经过“见义勇为”拦住王某的去路，王某挥拳将张某打倒，夺路而逃。当王某跑到一水果摊处，正在买水果的赵某的摩托车停在路边没有熄火，王某见状骑上赵某的摩托车跑掉了。王某在摆脱了李某等人后将赵某的摩托车推下山崖。试用法学原理分析：王某的行为是否构成紧急避险？王某对张某和赵某是否应承担刑事责任？应承担什么样的责任？

______

______

______

______

______

第五节　自首与立功

【案例介绍】

职业学校学生周某（17 岁）与王某、张某等社会青年混在一起。王某和张某等人经常打架、聚众斗殴、横行一方。王某和张某等人因收保护费与另一伙以李某为首的不法团伙斗殴，王某、张某随即找到周某帮忙，周某出于哥们义气参与其中，在斗殴的过程中双方都使用了砍刀，王某用砍刀将与李某一伙的赵某砍成重伤，张某将与李某一伙的魏某扎成脾破裂。王某、张某见状不好拽上周某慌忙逃离现场。事后，王某逃到外地亲属家中躲避，张某躲在周某的家中。周某知道公安机关正在追查此案，心里非常惊恐和矛盾。周某旷课的行为和上课时不安的神情被班主任察觉，经班主任和学校德育处做工作，周某终于如实地交代了参与斗殴的经过，在老师的耐心教育下，周某到公安机关自动投案，公安机关按照周某提供的线索很快将王某和张某抓获，公安机关与检察机关鉴于周某的表现对周某做出了免予刑事处罚的决定。

【案例讨论】

1. 周某参与王某、张某等人的火拼是违法还是犯罪？

2. 周某对赵某和魏某的重伤害是否应负赔偿责任？

【要点提示】

一、自首

（一） 自首的概念

根据《刑法》第六十七条第一款的规定，自首是指犯罪以后自动投案，如实供述自己的罪行。

（二） 自首的构成要件

（1） 自动投案，是指犯罪事实或者犯罪嫌疑人未被司法机关发觉，或者虽被发觉，但犯罪嫌疑人尚未受到讯问、未被采取强制措施时，主动、直接向公安机关、人民检察院或者人民法院投案。

（2） 如实供述自己的罪行，是指犯罪嫌疑人自动投案后，如实交代自己的主要犯罪事实。

（3） 犯有数罪的犯罪嫌疑人仅如实供述所犯数罪中部分犯罪的，只对如实供述部分犯罪的行为，认定为自首。

二、立功

（一）立功的概念

《刑法》第六十八条规定："犯罪分子有揭发他人犯罪行为，查证属实的，或者提供重要线索，从而得以侦破其他案件等立功表现的，可以从轻或者减轻处罚；有重大立功表现的，可以减轻或者免除处罚。犯罪后自首又有重大立功表现的，应当减轻或者免除处罚。"

（二）立功的构成要件

（1）立功的主体仅适用于犯罪者本人，没有犯罪的人不能成为刑法意义上的立功主体。

（2）立功的主观方面，可以是自愿行为，也可以是经教育后检举、揭发他人犯罪的行为。

（3）立功的客观方面，必须是实施了具体检举、揭发他人犯罪的行为。

（4）立功的行为与预期的结果要有因果关系。犯罪分子检举、揭发他人的犯罪事实、证据、线索，经公安机关侦查与犯罪分子检举、揭发相一致，并使被检举人受到法律追究。

三、量刑情节

（一）量刑情节的概念

量刑情节是指《刑法》明文规定或者司法机关酌情确定的定罪事实以外的，体现犯罪严重程度。据以决定对犯罪人是否处刑以及处刑轻重的各种事实情况。

（二）量刑情节的特征

1. 量刑情节的内容

量刑情节是与犯罪有关的各种事实情况，量刑情节是对量刑发生一定影响的要素，这些要素应当是与犯罪有关的各种事实情况。这里的与犯罪有关的各种事实情况，既可以是罪中情节，也可以是罪前情节和罪后情节。罪中情节在犯罪进程中表现出来的影响是刑的事实要素，它在量刑过程中起着直接的决定作用。而事前情节与罪后情节，也能在一定程度上影响量刑。例如，犯罪后的态度，是坦白交代还是拒不认罪，对于量刑也具有重要影响。

2. 量刑情节的功能

量刑情节对决定是否处刑以及处刑轻重具有重要影响，是否处刑以及处刑轻重，是量刑的主要内容，量刑情节对此具有决定作用。因此，量刑情节不同于定罪情节。定罪情节作为一种罪量要素，是决定犯罪成立的事实根据，它所要解决的是罪之有无的问题。而量刑情节是在行为构成犯罪的基础上，解决罪之轻重的问题。因此，应当把量刑情节与定罪情节加以区分，尤其注意禁止重复评价：已经用于定罪的犯罪构成事实要素不能作为量刑情节再次使用。

3. 量刑情节的根据

量刑情节是由《刑法》明文规定或者司法机关酌情确定的，量刑情节反映了犯罪的严重性程度，因而对于量刑具有影响。而量刑情节又可以分为法定情节与酌定情节。其中，法定情节是由《刑法》规定的，酌定情节是在《刑法》中并无明文规定，但司法机关根据审判经验酌情确定的。

（三）法定的量刑情节

1. 法定的量刑情节概念

法定的量刑情节是指《刑法》明文规定在量刑时应当予以考虑的各种事实要素。法定的量刑情节在《刑法》总则与分则中都有明文规定。《刑法》总则规定的量刑情节是对各种犯罪共同适用的情节，《刑法》分则规定的量刑情节是对特定犯罪适用的量刑情节。

2. 从重处罚的情节

（1）教唆不满18周岁的人犯罪的（《刑法》第二十九条）；

（2）累犯（《刑法》第六十五条）；

（3）策动、胁迫、勾引、收买国家机关工作人员、武装部队人员、人民警察、民兵进行武装叛乱或者武装暴乱的（《刑法》第一百零四条）；

（4）与境外机构、组织、个人相勾结，实施《刑法》第一百零三条、第一百零四条、第一百零五条规定的犯罪的（《刑法》第一百零六条）；

（5）掌握国家秘密的国家工作人员、背叛国家、投靠境外机构、组织，危害中华人民共和国国家安全的（《刑法》第一百零九条）；

（6）武装掩护走私的（《刑法》第一百五十七条）；

（7）伪造货币并出售或者运输伪造的货币的（《刑法》第一百七十一条）；

（8）奸淫不满14周岁的幼女的（《刑法》第二百三十六条）；

（9）猥亵儿童的（《刑法》第二百三十七条）；

（10）国家机关工作人员非法拘禁他人或者非法扣押他人的（《刑法》第二百三十八条）；

（11）国家机关工作人员犯诬陷罪的（《刑法》第二百四十三条）；

（12）司法工作人员滥用职权非法搜查他人身体、住宅，或者非法侵入他人住宅的（《刑法》第二百四十五条）；

（13）司法工作人员对犯罪嫌疑人、被告人实行刑讯逼供或者使用暴力逼取证人证言致人伤残、死亡的（《刑法》第二百四十七条）；

（14）监狱、拘留所、看守所等监管机构的监管人员对被监管人进行殴打或者体罚虐待致人伤残、死亡的（《刑法》第二百四十八条）；

（15）监管人员指使、纵容被监管人殴打或者体罚虐待其他被监管人致人伤残、死亡的（同上）；

（16）邮电工作人员私自开拆或者隐匿、毁弃邮件、电报而窃取财物的（《刑法》第二百五十三条）；

（17）冒充人民警察招摇撞骗的（《刑法》第二百七十九条）；

（18）引诱未成年人参加聚众淫乱的（《刑法》第三百零一条）；

（19）司法工作人员以暴力、威胁、贿买等方法阻止证人作证或者指使贿买、胁迫他人作伪证的（《刑法》第三百零七条）；

（20）司法工作人员帮助当事人毁灭、伪造证据情节严重的（同上）；

（21）盗伐、滥伐国家级自然保护区内的森林或者其他林木的（《刑法》第三百四十五条）；

（22）利用、教唆未成年人走私、贩卖、运输、制造毒品的或者向未成年人出售毒品的（《刑法》第 347 条）；

（23）缉毒人员或者其他国家机关工作人员掩护、包庇走私、贩卖、运输、制造毒品的犯罪分子的（《刑法》第三百四十九条）；

（24）引诱、教唆、欺骗或者强迫未成年人吸食、注射毒品的（《刑法》第三百五十三条）；

（25）因走私、贩卖、运输、制造、非法持有毒品罪被判过刑，又犯《刑法》第七节规定之罪的（《刑法》第三百五十六条）；

（26）旅馆业、饭食服务业、文化娱乐业、出租汽车业等单位的主要负责人利用本单位的条件，组织、强迫、引诱、容留、介绍他人卖淫的（《刑法》第三百六十一条）；

（27）制作、复制淫秽的电影、录像等音像制品组织播放的，或者向不满 18 岁的未成年人传播淫秽物品的（《刑法》第三百六十四条）；

（28）战时破坏武器装备、军事设备、军事通信的（《刑法》第三百六十九条）；

（29）挪用救灾、抢险、防汛、优抚、扶贫、移民、救济款物归个人使用的（《刑法》第三百八十四条）；

（30）索贿的（《刑法》第三百八十六条）。

3. 从轻、减轻或免除处罚的情节

（1）可以从轻或减轻处罚的情节：

1）尚未完全丧失辨认或者控制自己行为能力的精神病人造成危害结果的（《刑法》第十八条）；

2）未遂犯（《刑法》第二十三条）；

3）如果被教唆的人没有犯被教唆的罪的教唆犯（《刑法》第二十九条）；

4）自首（《刑法》第六十七条）；

5）立功（《刑法》第六十八条）。

（2）应当从轻或减轻处罚的情节：已满 14 周岁不满 18 周岁的人犯罪的（《刑法》第十七条）。

（3）应当减轻处罚的情节：造成损害的中止犯（《刑法》第二十四条）。

（4）可以从轻、减轻或者免除处罚的情节：

1）又聋又哑的人或者盲人犯罪的（《刑法》第十九条）；

2）预备犯（《刑法》第二十二条）。

（5）应当从轻、减轻处罚或者免除处罚的情节：从犯（《刑法》第二十七条）。

（6）可以减轻或免除处罚的情节：

1）在外国犯罪已经受过刑罚处罚的（《刑法》第十条）；

2）有重大立功表现的（《刑法》第六十八条）；

3）个人贪污数额在 5 000 元以上不满 10 000 元，犯罪后有悔改表现，积极退赃的（《刑法》第三百八十三条）；

4）行贿人在被追诉前主动交待行贿行为的（《刑法》第三百九十条）；

5）介绍贿赂人在被追诉前主动交待介绍贿赂行为的（《刑法》第三百九十二条）。

（7）应当减轻或免除处罚的情节：

1）防卫过当（《刑法》第二十条）；

2）避险过当（《刑法》第二十一条）；

3）胁从犯（《刑法》第二十八条）；

4）犯罪后自首又有重大立功表现的（《刑法》第六十八条）。

（8）可以免除处罚的情节：

1）犯罪情节轻微不需要判处刑罚的（《刑法》第三十七条）；

2）犯罪较轻的自首犯（《刑法》第六十七条）；

3）非法种植罂粟或者其他毒品原植物，在收获前自动铲除的（《刑法》三百五十一条）。

（9）应当免除处罚的情节：没有造成损害的中止犯（《刑法》第二十四条）。

【案例分析】

1. 结合法律条文分析：周某在学校和老师的教育下主动到公安机关供述案情并提供线索的行为属于何种行为？为什么？

____

____

____

____

2. 结合法律条文分析：公安机关与检察机关针对周某的表现对周某是否可以做出免予刑事处罚的决定？为什么？

____

____

____

____

【学习感悟】

通过学习，我了解了______________________________

通过案例分析，我学会了______________________________

通过案例讨论，我提高了________________

通过案例讨论，我印象最深的是________________

____

【实例应用】

职业学校的学生于某毕业后好逸恶劳、不遵守单位的规章制度，没有被实习单位留用，成了无业游民，后加入社会上以王某为首的摩托车盗窃团伙。这个团伙屡次疯狂盗窃摩托车达 30 多辆。某日于某与同伙趁夜间盗窃摩托车时，被治安巡逻的联防队抓获，交送公安机关，很快于某被检察院起诉，法院判处有期徒刑 3 年。在押期间，于某主动将王某等人盗窃摩托车的主要罪行进行了坦白交代，并将王某的主要藏身地点告诉了司法机关，公安机关根据于某的交代，迅速将王某及其盗窃摩托车团伙的主要成员抓获，一举打掉了以王某为首的摩托车盗窃团伙。试用所学法学知识分析：于某在押期间的表现属于什么行为？对于于某可否减轻处罚？为什么？

____

____

____

____

____

第三单元 民 法

第一节 民事法律关系自然人主体能力

【案例介绍】

【案例一】 (1) 职高生张某；(2) 北京市燃气集团；(3) 阳光鑫隆市场卖服装的李某；(4) 养鸡专业户赵某；(5) 高某与钱某在高中毕业后合伙开的一家美发店；(6) 北京市工商局；(7) 北京市朝阳医院；(8) 北京市律师协会。

【案例二】 16 岁的职高学生小王趁父母不在家之际，将家中的 3 000 元现金拿到证券交易所去炒股，结果赔了钱。事后小王的父母找到证券交易所要求退款，证券交易所不予退还，于是小王的父母将证券交易所诉至法院。

【案例三】 (1) 小王由于车祸变成了植物人；(2) 小李是盲人；(3) 小张怀孕腹中胎儿已经 8 个月了；(4) 小赵刚刚在医院生下一男婴；(5) 职业高中学生常某。

【案例讨论】

1. 案例一中的各项是否属于民事法律关系主体？

2. 案例二中职高生小王能不能去证券交易所炒股，为什么？

3. 案例二中小王父母的诉讼请求能否得到法院的支持？为什么？

4. 案例三中各项是否具备权利能力？为什么？

【要点提示】

一、民事法律关系的主体及种类

（一）民事法律关系的主体

参加民事法律关系享受权利或承担义务的人，即民事法律关系的当事人。根据我国《民法通则》的规定，可以作为民事法律关系主体的，有公民和法人等。实践中以户为单位的个体工商户、农村承包经营户，以及个人合伙组织体或非法人组织被视为民事主体。国家是特殊的民事主体。

（二）民事法律关系主体的种类

民事法律关系主体主要分为公民（自然人）和法人两类。

(1) 公民（自然人）包括：个体工商户，农村承包经营户和个人合伙。

(2) 法人包括：企业法人、机关、事业单位和社会团体法人。

二、公民（自然人）的能力

一国公民指具有该国国籍的自然人。

（一）公民的民事权利能力

公民的民事权利能力是指公民依法享有民事权利、承担民事义务的资格，是公民主体资格的集中表现。

（二）公民的民事行为能力

公民的民事行为能力是指公民通过自己的行为独立行使民事权利或履行民事义务的能力。包括从事合法行为的能力，而且也包括对其违法行为承担责任的能力。公民的民事行为能力是以其权利能力为前提的。

（三）自然人民事行为能力的分类

自然人是基于出生的高等哺乳动物；自然人的权利能力从出生开始，到死亡终止。

1. 完全民事行为能力的人

在法律上能为完全有效的法律行为的人。通常以精神健全的成年人为有行为能力人。根据《民法通则》的规定，18 周岁以上的公民是成年人，具有完全的民事行为能力，可以独立进行民事活动，是完全民事行为能力人。16 周岁以上不满 18 周岁的公民，以自己的劳动收入为主要生活来源的，视为完全民事行为能力人。

2. 无民事行为能力的人

不能为有效法律行为的人。他们不能因其所为法律行为取得权利和承担义务。一般包括：幼年人；不能独立处理自己事务，经法院宣告为丧失行为能力的精神病患者。法律规定：不满 10 周岁的未成年人以及不能辨认自己行为的精神病人为无民事行为能力人，由他的法定代理人代理民事活动。无行为能力人的监护人是他的法定代理人。

3. 限制民事行为能力的人

只有部分行为能力的人。公民已达到一定年龄而未达法定成年年龄，或者公民虽达法定成年年龄但患有不能完全辨认自己行为的精神病，不能独立进行全部民事活动，只能进行部分民事活动的能力。上述两种人，统称为限制民事行为能力人。法律规定：10 周岁以上的未成年人是限制民事行为能力人，可以进行与他的年龄、智力相适应的民事活动；其他民事活动由他的法定代理人代理，或者征得他的法定代理人同意。不能完全辨认自己行为的精神病人是限制民事行为能力人，可以进行与他的精神状况相适应的民事活动；其他民事活动由他的法定代理人代理，或者征得他的法定代理人同意。

【案例分析】

1. 结合要点提示分析：案例一中的各项分别属于主体的哪一类？

2. 结合要点提示分析：案例二中小王是否具备炒股的行为能力？为什么？

3. 结合要点提示分析：案例三中的人物是否具备民事行为能力？

【学习感悟】

通过学习，我了解了________

通过案例分析，我学会了________

通过案例讨论，我提高了________

通过案例讨论，我印象最深的是________

【实例应用】

【案例一】 小张（16 岁）初中毕业后上班了，他用第一个月的工资买了一辆自行车送给了小王，小张的父亲不同意，要求小王退还自行车，小王是否应退还自行车？为什么？

【案例二】 某精神病患者张某与邻居打架，居民劝阻无效拨打 110 报警。张某失去控制，手持菜刀将闻讯赶来的民警砍伤。请问：张某是否对自己的行为负责？

【案例三】 职高生小周将自己的一个 PSP 游戏机送给同学李某。请问：小周能否赠送 PSP 游戏机？该行为合法有效吗？为什么？

第二节 人身权

【案例介绍】

张某和王某初三毕业报考了某财会中专学校。结果张某被录取了，但张某家境不好交不起学费，王某家庭条件较好但是没有考取。于是王某的父亲找到张某的父亲商量后决定把王某的名字改成张某顶替张某上学。四年后，顶替张某上学的王某中专毕业，被分配到当地的信用社工作，过了几年担任信用社主任。一天，张某去信用社办理业务，发现墙上张贴的主任照片居然写的是自己的名字，张某回到家中问明了事情的缘由，于是将当地的县教育局诉至法院，诉讼请求是学校和教育局侵犯了她的受教育权利。

【案例讨论】

1. 王某可以改成张某的姓名顶替张某去上学吗？

2. 某财会中专学校和教育局是否有责任？

3. 王某已取得的中专毕业文凭有效吗？

【要点提示】

一、人身权的概念

人身权是民事法律关系的主体依法享有的与其人身不可分离且无具体财产内容的民事权利。人身权与特定的人身不可分割，而且没有直接的经济内容。

二、人身权的法律特征

（一）不可转让性

与特定的人身不可分割，离开了特定的人身，人身权就没有意义。

（二）没有直接的财产内容

不排除可以带来间接的物质利益或其他利益。

（三）绝对权

权利主体确定而义务主体不特定。

（四）对人身权保护具有特殊性

除受《民法》保护外，还受《刑法》、行政法等保护。

三、人身权的分类

人身权的分类见表3—1。

表3—1　人身权的分类

分类	概念	主要包括
人格权	自然人具有法律上独立人格所必须享有的民事权利。	生命权、健康权、姓名权、肖像权、身体权、隐私权、名誉权等。
身份权	自然人因特定身份所依法享有的民事权利。	荣誉权、监护权、在婚姻家庭中的身份权。

四、人格权与身份权的区别

（一）权利主体范围不同

任何自然人均有人格权；具有特定身份的人才具有身份权。人格权的主体具有广泛性，身份权的主体具有特定性。

（二）权利起止时间不同

人格权产生于出生、终止于死亡，与自然人民事权利能力起止时间相同；身份权产生于自然人取得某种身份，终止于身份的丧失。与特定身份的状态有密切关系。

【案例分析】

1. 结合要点提示分析：案例中王某侵犯了张某的什么权利？为什么？

2. 结合要点提示分析：张某的受教育权是否可以被替代？为什么？

3. 结合要点提示分析：张某、王某的家长是否有权决定让王某顶替张某上学？为什么？

【学习感悟】

通过学习，我了解了________________

通过案例分析，我学会了________________

通过案例讨论，我提高了________________

通过案例讨论，我印象最深的是________________

【实例应用】

某职业高中学校学生小刘，因痴迷网络游戏，各门功课都不及格。家长会后，小刘的父亲狠狠地打了他一顿，双方一气之下，到法院要求断绝父子关系。请问：法院是否会支持他们的诉讼请求？为什么？

第三节　人格权

【案例介绍】

【案例一】　某职业学校的学生范某放假期间与同学放礼花弹，不幸将头部炸伤，在重症监护室抢救一星期还未脱离危险，范某家境条件不好，难以支付高昂的医药费，学校号召全体师生为范某捐款。

【案例二】　某职业学校学生李某到某照相馆照相，照相馆没有征得李某的同意将李某的照片放大成特大篇幅放在照相馆的橱窗里招揽生意，被路过的李某家长发现，找照相馆进行交涉未果，于是李某的家长把照相馆诉至法院，要求照相馆给予相应的赔偿。

【案例讨论】

1. 范某的什么权利受到了威胁？老师和同学们的爱心从法律上说是一种什么行为？

2. 李某的家长是否有权起诉照相馆要求给予赔偿？

【要点提示】

人格权是指自然人具有法律上独立人格所必须享有的民事权利。主要包括：生命权、健康权、姓名权、肖像权、身体权、隐私权、名誉权等。这里主要介绍前四种权利。

一、生命权

（一）生命权概念

生命权是以自然人的生命安全利益为内容的、独立的具体人格权。

（二）生命权的法律特征

（1）生命权以自然人的生命安全为客体。

（2）生命权以维护人的生命活动正常延续为基本内容，防止人为地非法终止自然人的生命。

（3）生命权是最基本的、独立的人格权。

二、健康权

（一）健康权的概念

健康权是指自然人以其身体生理功能的正常运作，维持人体生命活动的利益为内容的具体人格权。

（二）健康权的法律特征

（1）健康权以维护自然人的身体生理功能的正常发挥为根本利益。

（2）健康权是专属于自然人的人格权。

（3）健康权包括两项基本内容：一是健康维护权；二是劳动能力维护权。

三、姓名权

（一）姓名权的概念

姓名权是指自然人依法享有的自主决定、使用和变更自己姓名并排除他人非法干涉的权利。

（二）姓名权的法律特征

（1）姓名权是以自然人的姓名利益为客体的人格权。

（2）姓名权是专属于自然人的人格权。

（3）姓名权主要包括三个方面的内容：一是自主的命名权；二是正常的姓名使用权；三是合法的改名权。

四、肖像权

（一）肖像权的概念

肖像权是指自然人对自己的肖像享有利益并排斥他人侵犯的权利。

（二）肖像权的法律特征

（1）肖像权是以自然人的形象、特征利益为客体的人格权。

（2）肖像权是专属于自然人的人格权。

（3）肖像权的基本内容主要包括：

1）像制作权。自然人有权决定由自己或他人制作自己的肖像，有权禁止他人非法制作自己的肖像。

2）肖像使用权。肖像权人对自己的肖像有权以任何合法的方式进行使用，并获取一定的收益。

3）肖像利益维护权。肖像权人有权维护自己的肖像利益，对于恶意污损、丑化、玷污其肖像，或非法以营利为目的使用其肖像的行为均有权请求其停止侵害，并可要求侵害人赔偿损失。但是他人合法的使用行为受到法律的保护。

【案例分析】

1. 结合要点提示分析：范某的生命权应当受到保护和社会的爱心帮助吗？为什么？

2. 结合要点提示分析：照相馆侵害了赵某的什么权利？为什么？

【学习感悟】

通过学习，我了解了______

通过案例分析，我学会了______

通过案例讨论，我提高了______

通过案例讨论，我印象最深的是______

______

【实例应用】

某职业学校学生宋某经常给同班同学范某起外号，还用污言秽语伤害范某，给范某造成了不良影响。请问：宋某侵犯了范某的什么权益？为什么？

______

______

______

______

______

______

______

______

第四节　无因管理

【案例介绍】

某职业学校学生小郭和小丁两人是好朋友，一天放学，小郭突发阑尾炎，小郭的父母恰逢到外地探亲，家里没人，小丁将小郭送往医院，经医生诊断需要马上做手术，于是小丁给其父母打电话，小丁的父母赶到医院为小郭垫付了医药费 2 000 元。事后小郭的父母从外地回来没有还钱的意思，于是小丁的父母将小郭的父母诉至法院。

【案例讨论】

1. 小丁的父母是否有义务替小郭垫付医药费？

2. 小郭父母的做法对吗？你认为小郭的父母应该怎么办？

【要点提示】

一、无因管理的概念

无因管理，是指无法定的或者约定的义务，而为他人的利益管理他人事务的一种法律事实。因无因管理的成立，在管理事务的管理人和其事务受管理的人（即本人或称受益人）之间就发生无因管理的债权债务关系。

二、无因管理的成立条件

（一）管理人没有法定的或者约定的义务

这是无因管理成立的首要条件。无因管理之无因，是指管理人对他人事务的管理没有法律上的原因。管理他人事务的法律原因也就是管理人进行管理的法律依据。就管理他人事务的法律依据上说，有两种情况：一是管理人有管理的权利；二是管理人有管理的义务。有管理权利而为管理的，为有法律依据的管理；有管理义务而管理的也为有法律依据的管理。因此，依据我国《民法通则》的规定，确定管理人有无管理他人事务的法定义务或者约定义务，是认定管理人的管理是否为无因管理的前提要件。所谓法定义务，是指法律上直接规定的义务。约定义务，是指基于管理人与受益人之间的约定而发生的义务。

（二）管理人须为避免他人利益受损失而管理

这是无因管理成立的主观要件，也是无因管理制度的目的所在。管理人管理他人事务是为避免他人利益受到损失，这就要求管理人的管理是为他人谋利益而不是为自己谋利益。管理人的管理是否是为他人谋利益，应当从动机和效果两个方面看。从动机上说，管理人管理事务的动机是为了避免他人的利益受损失。从效果上说，因管理所取得的利益最终应归于本人，而不能由管理人自己取得。

（三）管理人须对他人进行了管理或服务

无因管理制度是调整因管理他人的事务而发生关系所设立的一项制度，因此管理自己的事务当然不能成立无因管理。无因管理中的“管理”从行为的性质上来说，属于一种事实行为，而非法律行为。就管理的内容来讲，既可以是法律行为，也可以是事实行为，但就管理这一行为来说，并不属于法律行为。因此，对无因管理不能适用有关法律行为的规定，在无因管理中并不要求管理人要具有相应的民事行为能力，而只要求管理人有相应的认识能力即可。

【案例分析】

1. 结合要点提示分析：小丁父母为小郭垫付医药费的行为属于什么行为？为什么？

2. 结合要点提示分析：小郭的父母对小丁的父母应承担什么样的责任？为什么？

【学习感悟】

通过学习，我了解了

通过案例分析，我学会了

通过案例讨论，我提高了

通过案例讨论，我印象最深的是

【实例应用】

王某承包村里的鱼塘，经过精心饲养，收成看好。就在鱼出塘上市之际，王某不幸溺水而死，而其两个儿子都在外地工作，无力照管鱼塘。王某的同村好友李某便主动担负起照管鱼塘的任务，并组织人员将鱼打捞上市出卖，获得收益 4 万元，其中，应向村里上缴 1 万元，李某组织人员打捞出卖鱼所花费劳务费及其他必要费用共计 2 000元。李某要求王某的继承人支付 2 000 元费用，并要求平分所剩 2.8 万元款项。

1. 李某的行为属于什么行为？为什么？

2. 王某的继承人是否有义务支付李某为王某管理鱼塘的费用？

第五节 不当得利

【案例介绍】

小王和小赵是某职业学校同一寝室的室友。一天，小王将乘车卡遗落在寝室床上外出买晚饭，小赵便将小王的乘车卡拿出去坐车。一周后，小王发现后找到小赵问起乘车卡之事，小赵承认了此事，而乘车卡已被小赵刷去 40 余元，小王要求小赵赔偿损失的 40 余元。

【案例讨论】

1. 小赵捡到小王遗落在床上的乘车卡可以不归还吗？

2. 如果小赵不偿还小王的乘车卡，小王应如何争取自己的合法权益？

【要点提示】

一、不当得利的概念

不当得利就是指没有法律上的根据，使他人受损而自己取得的利益。不当得利因没有法律上的根据，故虽属既成事实也不能受到法律保护。

二、不当得利的构成要件

（一）一方取得财产上的利益

取得财产上的利益，是指因一定事实而增加财产总额。不当得利的成立须以一方取得财产利益为首要条件，若仅致他人损害，而自己并未获得利益，即使负赔偿责任，也不构成不当得利。此处的利益，既包括财产的积极增加，又包括财产的消极增加。财产的积极增加，是指权利的增强或义务的消失，使财产范围扩大，如取得所有权、知识产权、所有权上负担的除去等；财产的消极增加，是指财产本应减少却因一定事实而未减少所产生的利益，如本应支出的费用而没有支出，实际上等于增加了财产。

（二）他方受有损失

他方受有损失是指因一定的事实，使他人的财产总额减少。若仅有一方获利而无他方受损，则不能构成不当得利。此处的损失，既包括财产的积极减少，也包括财产的消极减少。财产的积极减少，是指现存财产的减少；财产的消极减少，是指财产本应增加而未能增加。

（三）取得利益与受损失之间有因果关系

不当得利的成立，以利益和损失之间存在因果关系的条件。即一方受损是他方获利所致。至于损失与利益的范围大小是否一致，形态是否相同，则有所不同。在返还利益时，利益小于损失的，以利益为准；利益大于损失的，以损失为准。超出损失部分的利益，在扣除有关费用后，收缴国库。

（四）没有法律上的依据

没有法律上的依据，是指获得利益没有法律上的依据。可见没有法律的依据，是对于获得利益而言的，并不要求取得权力或财产也无合法依据。如加工人取得加工物的所有权是合法依据的，但他取得的该项利益却无法律上的依据，因此，应按不当得利制度返还该项利益。如果取得利益有法律上的依据，即使相对人受有损失，也不构成不当得利，如赠与。没有法律上的依据，既包括取得利益时没有依据，也包括利益取得时有依据，尔后该依据消灭。如果买卖被撤销，一方从对方获得的财产应当返还给对方。

三、不当得利的法律后果

《民法通则》第九十二条规定："没有合法根据，取得不当利益，造成他人损失的，应当将取得的不当利益返还受损失的人。"

【案例分析】

1. 结合要点提示分析：小赵的行为属于什么性质的行为？为什么？

____

____

2. 结合要点提示分析：如果你是法官此案如何处理？

____

____

____

【学习感悟】

通过学习，我了解了____________________

通过案例分析，我学会了____________________

通过案例讨论，我提高了____________________

通过案例讨论，我印象最深的是____________________

____

【实例应用】

某地某银行门口发生抢劫案，被劫钞票散落在地，许多路人一拥而上，争抢捡拾地上散落的钱，有的人将捡拾的钱主动送还失主，也有的人捡拾了地上散落的钱不归还。事后电视台公告了此事，指出捡拾到钱的人应迅速归还，然而一些人仍旧不归还。请问：捡拾钱不归还的人属于什么行为？是否应负法律责任？

____

____

____

____

第六节　民事侵权责任

【案例介绍】

【案例一】　某职业学校学生小白和小张是同班同学，小白为了给同学买生日礼物，找小张借了200元钱，两个月后仍没有归还。小张找小白要钱，小白始终拖着不还，于是小张把此事告诉了老师和家长。

【案例二】　某职业学校学生宋某与同学到某餐馆吃烧烤，当几名同学用餐兴致正高时，烧烤炉突然爆炸，将宋某的脸部炸伤，其当即被送往医院，花去医药费2 000元。事后宋某的父母找到餐馆要求赔偿医药费。

【案例讨论】

1. 小白借钱不还对吗？是否违法？

2. 餐馆是否应对宋某的伤害负责任？为什么？

【要点提示】

一、民事责任的概念和特征

（一）民事责任的概念

民事责任是指民事主体因违反合同或者不履行其他法律义务，侵害国家、集体的财产，侵害他人财产、人身权利，而依法承担的民事法律后果。

（二）民事责任的特征

（1）民事责任具有国家强制性。

（2）承担民事责任的前提是违反了民事义务。

（3）民事责任以财产性责任为主，以非财产性责任为辅。

（4）民事责任是一种补偿性责任。

（5）民事责任是相对性的责任，是特定主体之间的责任。

二、民事责任的归责原则

根据法律的规定，我国民事责任的归责原则主要包括过错责任原则、无过错责任原则和公平责任原则。

（一）过错责任原则

过错责任原则，是指民事主体承担民事责任的前提是其在实施损害行为时主观上存在着过错。

（二）无过错责任原则

无过错责任原则，又称客观归责原则或严格责任原则，是指在法律规定的特定领域或行业内，只要损害结果是由行为人的行为造成的，则不论行为人主观上是否存在过错，都可确定其承担民事责任的归责原则。根据我国法律的规定，适用无过错责任原则的情形主要包括：

（1）高度危险作业致人损害的民事责任。

（2）产品质量不合格致人损害的民事责任。

（3）环境污染致人损害的民事责任。

（4）建筑物和地面施工致人损害的民事责任。

（5）饲养动物致人损害的民事责任。

（三）公平责任原则

公平责任原则又称衡平责任原则，是指当事人双方对损害结果均无过错时，根据公平原则在当事人之间合理分担损失的归责原则。

三、侵权行为民事责任

（一）侵权行为民事责任的概念

侵权行为民事责任，简称侵权责任，是指行为人实施一定的侵权行为所应当承担的民事责任。所谓侵权行为是指行为人由于过错侵害他人的财产或者人身，依法应当承担民事责任的行为，以及依照法律特别规定应当承担民事责任的其他致人损害的行为。

（二）侵权行为民事责任的特征

（1）侵权行为具有国家强制性。

（2）侵权行为是民事主体违反法定义务而应承担的法律责任。

（3）侵权行为以侵权行为的存在为前提。

（4）侵权行为的形式主要为财产责任，但不限于财产责任。

（三）侵权行为民事责任的抗辩事由

（1）不可抗力。

（2）正当防卫。

（3）紧急避险。

（4）受害人的过错，即指受害人对侵权行为或损害后果的发生或扩大存在过错，则行为人可在受害人过错的范围内免责。

（5）受害人的同意。

（四）侵权行为民事责任的承担方式

侵权责任的承担方式主要有以下几种：赔偿损失、返还财产、恢复原状、停止侵害、排除妨碍、消除危险、消除影响、恢复名誉、赔礼道歉。

（五）特殊侵权行为的民事责任

1. 特殊侵权行为的概念

特殊侵权行为，是指当事人基于与自己有关的行为、物件、事件或者其他特别原因致人损害，依照民法上的特别责任条款或者民事特别法的规定所应当承担的民事责任。

2. 特殊侵权行为的种类

（1）产品质量不合格致人损害的民事责任。

产品质量不合格致人损害的民事责任，又称产品责任，是指产品的制造者、销售者对其制造、销售或者提供的有缺陷产品对他人人身和财产造成的损害所应承担的民事法律后果。

（2）高度危险作业致人损害的民事责任。

根据我国《民法通则》的规定，从事高空、高压、易燃、易爆、剧毒、放射性、高速运输工具等对周围环境有高度危险的作业造成他人损害的，应当承担民事责任。

（3）环境污染致人损害的民事责任。

根据我国《民法通则》的规定，违反国家保护环境防止污染的规定，污染环境造成他人损害的，应当依法承担民事责任。

（4）地面施工致人损害的民事责任。

根据我国《民法通则》的规定，在公共场所、道旁或者通道上挖坑、修缮安装地下设施等，没有设置明显标志和采取安全措施造成他人损害的，施工人应当承担民事责任。

（5）建筑物致人损害的民事责任。

根据我国《民法通则》的规定，建筑物或者其他设施以及建筑物上的搁置物、悬挂物发生倒塌、脱落、坠落造成他人损害的，其所有人或者管理人应当承担民事责任，但能够证明自己没有过错的除外。

（6）饲养动物致人损害的民事责任。

根据我国《民法通则》的规定，饲养的动物造成他人损害的，动物饲养人或者管理人应当承担民事责任。

（7）无民事行为能力人、限制行为能力人致人损害的民事责任。

根据我国《民法通则》的规定，无民事行为能力人、限制民事行为能力人造成他人损害的，由监护人承担民事责任。

【案例分析】

1. 结合要点提示分析：小白借钱不还属于什么性质的行为？为什么？

2. 结合要点提示分析：小张应该怎样维护自己的合法权益？

3. 结合要点提示分析：餐馆对宋某的伤害应承担什么责任？为什么？

4. 结合要点提示分析：宋某的父母应如何代替宋某主张合法权益？

【学习感悟】

通过学习，我了解了______

通过案例分析，我学会了______

通过案例讨论，我提高了______

通过案例讨论，我印象最深的是______

【实例应用】

【案例一】 职校学生于某，晚上吃完晚饭下楼遛弯，恰遇邻居林某遛狗，林某没有拴犬链，于某出于好奇逗林某的狗，结果林某的狗将于某咬伤，于某的父母要林某赔偿医药费1 000元，林某不赔，于是于某的家长将林某诉至法院。试用所学法学知识分析：林某对于某是否应承担赔偿责任？为什么？

【案例二】 某职校学生赵某放学回家，在小区中穿行。楼上张某正在浇花，不慎将花盆从三楼碰落到凉台外面，正好砸到宋某的脚，赵某的父母带其到医院治疗，花去医药费 300 元。事后赵某的家长要求张某赔偿医药费。试用所学法学知识分析：张某对赵某是否应承担责任？为什么？此纠纷应如何解决？

第四单元

行政法

第一节　行政法的概念与原则

【案例介绍】

城管队员对乱张贴小广告的吴某进行处罚；税务机关处罚偷漏税的某有限公司；某超市在服务台前公示偷一罚十，某职业学校学生田某盗窃一盒价值 60 元的化妆品，超市对其罚款 600 元并通知了学校；个体工商户张某因经营假冒伪劣产品被工商局罚款 3 000 元，张某对工商局的处罚不服，认为应当罚款 1 000 元。

【案例讨论】

1. 上述案例中城管队员对吴某张贴小广告的处罚、税务局对某公司偷漏税的处罚、某超市对田某的处罚、工商局对个体户张某的处罚行为都正确吗？

2. 上述案例中哪个属于行政法调整的范围？

【要点提示】

一、行政法的概念

行政法是调整行政关系以及在此基础上产生的监督行政关系的法律规范的总称。

二、行政法的调整对象

行政法的调整对象是行政关系和监督行政关系。包括行政机关相互之间、行政机关与公民、法人或其他组织之间的关系，以及其他国家机关对行政机关的监督关系。

三、行政法的原则

行政法的原则见表 4—1。

表 4—1 **行政法的原则**

原则	概　念	要　求
合法原则	行政合法性是指行政权的存在、行使必须依据法律，符合法律，不得与法律相抵触。	行政行为必须有法律依据；必须和法律规定相一致；不得超越法定职权范围；履行法定义务；符合法定程序。
合理原则	行政合理性原则是指行政行为的内容要客观、适度、合乎理性。	行政行为的动因应符合行政目的，并应建立在正当考虑的基础上；行政行为的内容应客观公正，不得畸轻畸重；行政行为应保持前后一致，同样情况同样对待，不得朝令夕改，厚此薄彼。

【案例分析】

1. 结合要点提示分析：城管队员对吴某的处罚是否合法？为什么？

2. 结合要点提示分析：税务局对某公司的处罚是否合法？为什么？

3. 结合要点提示分析：某超市对田某的处罚是否合法？为什么？

4. 结合要点提示分析：工商局对张某的处罚是否合法？为什么？

【学习感悟】

通过学习，我了解了________

通过案例分析，我学会了________

通过案例讨论，我提高了________

通过案例讨论，我印象最深的是________

____

【实例应用】

某职业学校需要定做一批演出服装，于是到某服装公司加工定做，到了交货日期，服装公司送来的服装数量和质量都存在问题。于是某职业学校到工商局申请处罚某服装公司罚款 1 万元。请问：此案是否应用行政法调整？工商局可以处罚某服装公司吗？

____

____

____

____

____

____

第二节　行政主体

【案例介绍】

某职业学校的学生小薛到网吧通宵上网，因为争抢座位与社会青年王某发生争执，于是双方大打出手，二人被闻讯赶到的某派出所民警带到公安机关，给予了行政拘留 1 天的处罚。事后，小薛仍不思悔改，没过多久又去盗窃自行车，当他正要下手之时被联防队员发现，对其进行盘查后，带到了派出所，结果公安机关对其作出了罚款 200 元，行政拘留 2 天的处罚。

【案例讨论】

1. 公安机关是否具备处罚小薛的主体资格？为什么？

2. 联防队员是否有权对小薛进行盘查，并将其带到公安机关？

【要点提示】

一、行政主体的概念

行政主体是指享有行政职权，以自己的名义行使行政职权并独立承担责任的组织。

二、行政主体的种类

（一）行政机关

行政机关是依组织法设立行使国家行政权力，管理社会公共事务的国家机关。

行政机关的特征是：依法成立的国家机关，是权力机关的执行机关；行使行政权承担行政管理任务。

行政机关的职权是：制定行政规范权；许可批准权；行政监督检查权；行政强制措施权；行政制裁权。

（二）授权性主体

法律、法规授权行使一定行政职权、办理一定行政事务的组织。

（三）委托性主体

行政机关委托的单位或组织行使行政管理事务。

【案例分析】

1. 结合要点提示分析：公安机关对小薛进行处罚是否具备主体资格？属于哪一类主体？

2. 结合要点提示分析：联防队员对小薛进行盘查是否具备主体资格？属于哪一类主体？

【学习感悟】

通过学习，我了解了__________

通过案例分析，我学会了__________

通过案例讨论，我提高了__________

通过案例讨论，我印象最深的是__________

【实例应用】

职业学校毕业生田某和王某两人自筹资金，办起了餐馆，由于经营有方，二人开的餐馆生意日渐红火，田某和王某应接不暇，忽视了厨房卫生，恰逢卫生防疫站的工作人员到店检查，于是作出了罚款 2 000 元，停业一周整顿的处罚。试用法学原理分析：卫生防疫站是否具备行政主体资格？对餐馆的处罚是否正确？

第三节　行政行为

【案例介绍】

某职业学校的学生小李的表姐结婚，小李非常高兴，拿着鞭炮和礼花弹到马路上燃放，被赶来的民警阻止并带到公安机关处以罚款 500 元的处罚，事后小李的父母认为当地市政府制定的《关于燃放烟花爆竹的规定》不符合民情民意，认为罚款 500 元太多，于是将某公安分局诉至法院。

【案例讨论】

1. 公安分局根据当地市政府制定的《关于燃放烟花爆竹的规定》对小李进行处罚的行政行为是否有效？为什么？

2. 公安机关对小李做出罚款 500 元处罚属于什么行政行为？

【要点提示】

一、行政行为的概念

行政行为是国家行政机关为履行行政义务依法实施的各种具有法律效力的行为。

二、行政行为的种类

行政行为分为抽象的行政行为和具体行政行为。

（1）抽象的行政行为包括行政立法行为等。

（2）具体行政行为主要是行政处罚，包括：警告、罚款、没收非法所的和非法财物；责令停产停业；暂扣或者吊销许可证、执照；行政拘留。程序有：简易程序、一般程序、听证程序。

三、行政行为生效的要件

（一）主体要件

（1）做出行政行为的行政机关必须是依法成立的享有行政管理权的行政机关。

（2）属于授权行政行为的，做出授权行政行为的机关或组织，必须依法定程序取得授权，并在授权范围内做出行政行为。

（3）属于委托行政行为的，必须有委托机关的明确委托并符合法定条件，在委托权限内做出具体行政行为。

（二）职权要件

做出行政行为的行政机关，必须在法定的职权范围内实施行政行为，必须符合一定的权限规则。

（三）内容要件

行政行为的内容要合法，行政行为所涉及的权利、义务，以及对这些权利、义务的影响或处理，均应符合法律规定和社会公共利益。

（四）程序要件

行政机关实施行政行为，必须符合法律规定的步骤、方式、方法、时限和顺序。

【案例分析】

1. 结合要点提示分析：北京市政府制定《关于燃放烟花爆竹的规定》行为属于什么行为？

2. 结合要点提示分析：人民法院应如何处理此案？

【学习感悟】

通过学习，我了解了

通过案例分析，我学会了

通过案例讨论，我提高了

通过案例讨论，我印象最深的是

【实例应用】

职业学校学生张某骑摩托车在高速路上飙车，被正在高速路上检查的某公路局干部拦截，经查张某骑的摩托车没有牌照、超速行驶、没有缴纳养路费，于是公路局对张某没有牌照、超速行驶罚款500元，补交养路费并罚款700元。张某的父母认为罚款太多，不服公路局的处罚，于是将公路局诉至法院。试用法学原理分析：公路局对张某的处罚是否合法？张某父母的起诉能否得到法院的支持？

第四节　行政复议与行政诉讼

【案例介绍】

某职业学校毕业生张某被分配到某公司上班后，一天晚上与几个同学在家中赌博，被邻居举报，被某公安分局派出所行政拘留14天，罚款1 000元。事后公司将张某除名，张某对公安分局行政拘留的处罚不服，于是张某将某公安分局诉至法院。

【案例讨论】

1. 某公安分局对张某是否有权进行拘留和罚款？

____

____

____

2. 张某是否可以通过行政复议来解决？

____

____

____

【要点提示】

一、行政复议

（一）行政复议的概念

行政复议是指公民、法人或者其他组织不服行政主体作出的具体行政行为，认为行政主体的具体行政行为侵犯了其合法权益，依法向法定的行政复议机关提出复议申请，行政复议机关依法对该具体行政行为进行合法性、适当性审查，并作出行政复议决定的行政行为。它是公民、法人或其他组织通过行政救济途径解决行政争议的一种方法。

国家行政机关在行使其职权时与作为管理对象的行政相对人发生争议，根据行政相对人的申请，由该行政机关的上一级国家行政机关或法律、法规规定的其他行政机关依法对引起争议的具体行政行为进行复查作出决定的一种行政司法行为。

（二）行政复议的特征

（1）以行政相对人的复议申请为前提。

（2）依法具有行政复议管辖权的国家行政机关。

（3）复议的内容是行政机关具体行政行为是否合法适当，是否侵犯了相对方的合法权益。

（4）行政复议的目的是解决行政争议。

（5）从性质上是一种行政司法行为。

（三）行政复议的范围

（1）对行政机关作出的警告、罚款、没收违法所得、没收非法财物、责令停产停业、暂扣或者吊销许可证、暂扣或者吊销执照、行政拘留等行政处罚决定不服的。

（2）对行政机关作出的限制人身自由或者查封、扣押、冻结财产等行政强制措施决定不服的。

（3）对行政机关作出的有关许可证、执照、资质证、资格证等证书变更、中止、撤销的决定不服的。

（4）对行政机关作出的关于确认土地、矿藏、水流、森林、山岭、草原、荒地、滩涂、海域等自然资源的所有权或者使用权的决定不服的。

（5）认为行政机关侵犯合法的经营自主权的。

（6）认为行政机关变更或者废止农业承包合同，侵犯其合法权益的。

（7）认为行政机关违法集资、征收财物、摊派费用或者违法要求履行其他义务的。

（8）认为符合法定条件，申请行政机关颁发许可证、执照、资质证、资格证等证书，或者申请行政机关审批、登记有关事项，行政机关没有依法办理的。

（9）申请行政机关履行保护人身权利、财产权利、受教育权利的法定职责，行政机关没有依法履行的。

（10）申请行政机关依法发放抚恤金、社会保险金或者最低生活保障费，行政机关没有依法发放的。

（11）认为行政机关的其他侵害相对方合法权益的行政行为。

（四）不能复议的事项

（1）不服行政机关作出的行政处分或者其他人事处理决定的，依照有关法律、行政法规的规定提出申诉。

（2）不服行政机关对民事纠纷作出的调解或者其他处理，依法申请仲裁或者向人民法院提起诉讼。

（五）复议前置的情形

目前我国法律规定的行政复议前置包括以下八种情形：

（1）对国务院部门或者省、自治区、直辖市人民政府的具体行政行为不服的，向作出该具体行政行为的国务院部门或者省、自治区、直辖市人民政府申请行政复议。对行政复议决定不服的，可以向人民法院提起行政诉讼；也可以向国务院申请裁决，国务院依照本法的规定作出最终裁决。

（2）公民、法人或其他组织认为行政机关的具体行政行为侵犯其已经依法取得的土地、矿藏、水流、林、山岭、草原、荒地、滩涂、海域等自然资源的所有权或者使用权的，应当先申请行政复议；对行政复议决定不服的，可以依法向人民法院提起行政诉讼。

（3）纳税人、扣缴义务人、纳税担保人同税务机关在纳税上发生争议时，必须先依照税务机关的纳税决定缴纳或者解缴税款及滞纳金或者提供相应的担保，然后可以依法申请行政复议。

（4）被审计单位对审计决定不服的，应当在收到审计决定之日起15日内先向上一级审计机关申请复议，不能直接向人民法院起诉，这就是审计行政复议前置的规定。

（5）治安管理处罚上级公安机关裁决前置。

（6）专利复审委员会复审前置。

（7）工伤保险案件。国务院《工伤保险条例》第五十五条规定，有下列情形之一的，有关单位或者个人可以依法申请行政复议，也可以依法向人民法院提起行政诉讼：1）申请工伤认定的职工或者其近亲属、该职工所在单位对工伤认定申请不予受理的决定不服的；2）申请工伤认定的职工或者其近亲属、该职工所在单位对工伤认定结论不服的；3）用人单位对经办机构确定的单位缴费费率不服的；4）签订服务协议的医疗机构、辅助器具配置机构认为经办机构未履行有关协议或者规定的；5）工伤职工或者其近亲属对经办机构核定的工伤保险待遇有异议的。

（8）对价格违法的处罚。《价格违法行为行政处罚规定》第二十条规定：经营者对政府价格主管部门作出的处罚决定不服的，应当先依法申请行政复议；对行政复议决定不服的，可以依法向人民法院提起诉讼。

二、行政诉讼

（一）行政诉讼法的概念

行政诉讼法是规范行政诉讼活动和诉讼法律关系的法律规范的总称，它是规定人民法院、诉讼当事人以及其他诉讼参与人进行诉讼活动，及其在诉讼活动中形成的诉讼法律关系的法律规范。

（二）行政诉讼的受案范围

《中华人民共和国行政诉讼法》（以下简称《行政诉讼法》）第十一条规定，人民法院受理公民、法人和其他组织对下列具体行政行为不服提起的诉讼：

（1）对拘留、罚款、吊销许可证和执照、责令停产停业、没收财物等行政处罚不服的；

（2）对限制人身自由或者对财产的查封、扣押、冻结等行政强制措施不服的；

（3）认为行政机关侵犯法律规定的经营自主权的；

（4）认为符合法定条件申请行政机关颁发许可证和执照，行政机关拒绝颁发或者不予答复的；

（5）申请行政机关履行保护人身权、财产权的法定职责，行政机关拒绝履行或者不予答复的；

（6）认为行政机关没有依法发给抚恤金的；

（7）认为行政机关违法要求履行义务的；

（8）认为行政机关侵犯其他人身权、财产权的。

除上述规定外，人民法院受理法律、法规规定可以提起诉讼的其他行政案件。

（三）不能提起行政诉讼的案件

《行政诉讼法》第十二条规定，人民法院不受理公民、法人或者其他组织对下列事项提起的诉讼：

（1）国防、外交等国家行为；

（2）行政法规、规章或者行政机关制定、发布的具有普遍约束力的决定、命令；

（3）行政机关对行政机关工作人员的奖惩、任免等决定；

（4）法律规定由行政机关最终裁决的具体行政行为。

【案例分析】

1. 结合要点提示分析：某公司可否将张某开除？为什么？

2. 结合要点提示分析：张某对某公安分局的罚款和行政拘留处罚提起诉讼可以吗？为什么？

3. 结合要点提示分析：张某对某公安分局罚款和行政拘留处罚是否必须先复议后诉讼？为什么？

【学习感悟】

通过学习，我了解了

通过案例分析，我学会了

通过案例讨论，我提高了

通过案例讨论，我印象最深的是

【实例应用】

某职业学校学生小玉早上上学穿过学校门口的人行横道时，被疾驰而来的个体运输经营户王某驾驶的货车撞倒在地，司机王某当即将小玉送往医院救治，王某非常懊悔，经交通民警现场鉴定为王某的全责。之后，交通队的民警对小玉的父母与司机王某就赔偿问题进行了调解，但双方没有达成一致，交通队让小玉的父母和王某到法院去解决，王某向交通队的上一级行政机关——公安交通管理局提起了行政复议，要求交通队继续履行调解职责。试用所学法学原理分析：复议机关是否能够受理王某的复议请求？为什么？小玉的父母和王某就赔偿问题不能达成协议时应通过什么途径解决？为什么？

第五节　行政赔偿与行政处罚

【案例介绍】

某职业学校学生小雨与其母亲摆摊经营烧烤，正遇检查的城管队员，于是城管队员将小雨和其母亲带到城管队部，没收烧烤用具及食品，对小雨和其母亲进行搜身，并关了一天，没收了小雨母亲的身份证，撕毁了小雨和其母亲的暂住证，还说要把她们遣送回原籍。

【案例讨论】

1. 城管队员是否可以当场没收烧烤用具及食品？

2. 城管队员没收小雨母亲的身份证，并撕毁小雨和其母亲的暂住证的行为是否合法？为什么？

【要点提示】

一、行政赔偿

（一）行政赔偿的概念

行政赔偿是指行政机关及其工作人员违法行使职权侵犯公民、法人的人身权、财产权，国家依法所应承担赔偿责任。

（二）赔偿请求具备的条件

（1）应当向赔偿义务机关提出。

（2）必须有具体的请求和理由。

（3）法定的期限内提起，且属于国家赔偿法列举范围之内，时效 2 年。

（三）赔偿范围

（1）违法拘留或者违法采取限制公民人身自由的行政强制措施的；

（2）非法拘禁或者以其他方法非法剥夺公民人身自由的；

（3）以殴打等暴力行为或者唆使他人以殴打等暴力行为造成公民身体伤害或者死亡的；

（4）违法使用武器、警械造成公民身体伤害或者死亡的；

（5）造成公民身体伤害或者死亡的其他违法行为；

（6）违法实施罚款、吊销许可证和执照、责令停产停业、没收财物等行政处罚的；

（7）违法对财产采取查封、扣押、冻结等行政强制措施的；

（8）违反国家规定征收财物、摊派费用的；

（9）造成财产损害的其他违法行为。

（四）国家不承担赔偿责任范围

（1）行政机关工作人员与行使职权无关的个人行为。

（2）因公民、法人和其他组织自己的行为致使损害发生的。

（3）法律规定的其他情形。

二、行政处罚

（一）行政处罚的简易程序

《中华人民共和国行政处罚法》（以下简称《行政处罚法》）第三十三条规定：“违法事实确凿并有法定依据，对公民处以五十元以下、对法人或者其他组织处以一千元以下罚款或者警告的行政处罚的，可以当场作出行政处罚决定。当事人应当依照本法第四十六条、第四十七条、第四十八条的规定履行行政处罚决定。”

第三十四条规定："执法人员当场作出行政处罚决定的，应当向当事人出示执法身份证件，填写预定格式、编有号码的行政处罚决定书。行政处罚决定书应当当场交付当事人。前款规定的行政处罚决定书应当载明当事人的违法行为、行政处罚依据、罚款数额、时间、地点以及行政机关名称，并由执法人员签名或者盖章。执法人员当场作出的行政处罚决定，必须报所属行政机关备案。"

第三十五条规定："当事人对当场作出的行政处罚决定不服的，可以依法申请行政复议或者提起行政诉讼。"

（二）行政处罚的一般程序

《行政处罚法》第三十六条规定："除本法第三十三条规定的可以当场作出的行政处罚外，行政机关发现公民、法人或者其他组织有依法应当给予行政处罚的行为的，必须全面、客观、公正地调查，收集有关证据；必要时，依照法律、法规的规定，可以进行检查。"

第三十七条规定："行政机关在调查或者进行检查时，执法人员不得少于两人，并应当向当事人或者有关人员出示证件。当事人或者有关人员应当如实回答询问，并协助调查或者检查，不得阻挠。询问或者检查应当制作笔录。行政机关在收集证据时，可以采取抽样取证的方法；在证据可能灭失或者以后难以取得的情况下，经行政机关负责人批准，可以先行登记保存，并应当在七日内及时作出处理决定，在此期间，当事人或者有关人员不得销毁或者转移证据。执法人员与当事人有直接利害关系的，应当回避。"

第三十八条规定，调查终结，行政机关负责人应当对调查结果进行审查，根据不同情况，分别作出如下决定：

（1）确有应受行政处罚的违法行为的，根据情节轻重及具体情况，作出行政处罚决定；

（2）违法行为轻微，依法可以不予行政处罚的，不予行政处罚；

（3）违法事实不能成立的，不得给予行政处罚；

（4）违法行为已构成犯罪的，移送司法机关。

对情节复杂或者重大违法行为给予较重的行政处罚，行政机关的负责人应当集体讨论决定。

第三十九条规定，行政机关依照《行政处罚法》第三十八条的规定给予行政处罚，应当制作行政处罚决定书。行政处罚决定书应当载明下列事项：

（1）当事人的姓名或者名称、地址；

（2）违反法律、法规或者规章的事实和证据；

（3）行政处罚的种类和依据；

（4）行政处罚的履行方式和期限；

（5）不服行政处罚决定，申请行政复议或者提起行政诉讼的途径和期限；

（6）作出行政处罚决定的行政机关名称和作出决定的日期。

行政处罚决定书必须盖有作出行政处罚决定的行政机关的印章。

第四十条规定："行政处罚决定书应当在宣告后当场交付当事人；当事人不在场的，行政机关应当在七日内依照民事诉讼法的有关规定，将行政处罚决定书送达当事人。”

第四十一条规定：“行政机关及其执法人员在作出行政处罚决定之前，不依照本法第三十一条、第三十二条的规定向当事人告知给予行政处罚的事实、理由和依据，或者拒绝听取当事人的陈述、申辩，行政处罚决定不能成立；当事人放弃陈述或者申辩权利的除外。”

（三）行政处罚的听证程序

《行政处罚法》第四十二条规定，行政机关作出责令停产停业、吊销许可证或者执照、较大数额罚款等行政处罚决定之前，应当告知当事人有要求举行听证的权利；当事人要求听证的，行政机关应当组织听证。当事人不承担行政机关组织听证的费用。听证依照以下程序组织：

（1）当事人要求听证的，应当在行政机关告知后三日内提出；

（2）行政机关应当在听证的七日前，通知当事人举行听证的时间、地点；

（3）除涉及国家秘密、商业秘密或者个人隐私外，听证公开举行；

（4）听证由行政机关指定的非本案调查人员主持，当事人认为主持人与本案有直接利害关系的，有权申请回避；

（5）当事人可以亲自参加听证，也可以委托一至二人代理；

（6）举行听证时，调查人员提出当事人违法的事实、证据和行政处罚建议，当事人进行申辩和质证；

（7）听证应当制作笔录，笔录应当交当事人审核无误后签字或者盖章。

当事人对限制人身自由的行政处罚有异议的，依照治安管理处罚条例有关规定执行。

第四十三条规定：“听证结束后，行政机关依照本法第三十八条的规定，作出决定。”

【案例分析】

1. 结合要点提示分析：城管队员将小雨和其母亲关了一天，城管机关是否有权限制人身自由？为什么？

2. 结合要点提示分析：城管队员对小雨及其母亲的行政处罚的哪些行为应当承担行政赔偿责任？

【学习感悟】

通过学习，我了解了________________

通过案例分析，我学会了________________

通过案例讨论，我提高了________________

通过案例讨论，我印象最深的是________________

____

【实例应用】

某职业学校学生小李与某工商局干部张某是邻居，张某家养了一只狗跑到小李家门口大便，小李及其母亲与张某争吵起来，双方互不相让、发生冲突，结果张某把小李打成轻微伤，于是小李的母亲到张某工作的工商局告状，要求张某赔偿医药费，张某没有给予赔偿，于是小李的母亲把工商局诉至法院，要求工商局给予赔偿。试用所学法律知识分析：工商局是否应承担赔偿责任？为什么？本案应如何解决？

____

____

____

____

____

____

第五单元

劳动法

第一节　劳动者权利

【案例介绍】

某职业学校学生小马在某公司毕业实习结束后被公司留用，并签订了劳动合同。公司没有给小马缴纳四险一金，逢年过节也没有给小马发放劳保福利，于是小马找到公司询问，公司以小马是毕业实习生，参加工作不足一年为由拒绝给小马缴纳四险一金和发放劳保福利。小马到劳动仲裁委员会主张自己的权利。

【案例讨论】

1. 某公司不给小马缴纳四险一金的行为是否合法？为什么？

2. 某公司是否应给小马发放劳保福利？为什么？

【要点提示】

一、相关法律规定

《中华人民共和国劳动法》（以下简称《劳动法》）第二条规定：“在中华人民共和

国境内的企业、个体经济组织（以下统称用人单位）和与之形成劳动关系的劳动者，适用本法。国家机关、事业组织、社会团体和与之建立劳动合同关系的劳动者，依照本法执行。”

第三条规定：“劳动者享有平等就业和选择职业的权利、取得劳动报酬的权利、休息休假的权利、获得劳动安全卫生保护的权利、接受职业技能培训的权利、享受社会保险和福利的权利、提请劳动争议处理的权利以及法律规定的其他劳动权利。劳动者应当完成劳动任务，提高职业技能，执行劳动安全卫生规程，遵守劳动纪律和职业道德。”

二、劳动者的权利

劳动者的权利是指劳动者依照劳动法律行使的权力和享受的利益，主要包括以下内容。

（一）平等就业的权利

平等就业的权利是指具有劳动能力的公民，有获得职业的权利。劳动是人们生活的第一个基本条件，是创造物质财富和精神财富的源泉。劳动就业权是有劳动能力的公民获得参加社会劳动和切实保证按劳取酬的权利。公民的劳动就业权是公民享有其他各项权利的基础。如果公民的劳动就业权不能实现，其他一切权利也就失去了基础。

（二）选择职业的权利

选择职业的权利是指劳动者根据自己的意愿选择适合自己才能、爱好的职业。劳动者拥有自由选择职业的权利，有利于劳动者充分发挥自己的特长，促进社会生产力的发展。劳动者在劳动力市场上作为就业的主体，具有支配自身劳动力的权利，可根据自身的素质、能力、志趣和爱好，以及市场资讯，选择用人单位和工作岗位。选择职业的权利是劳动者劳动权利的体现，是社会进步的一个标志。

（三）取得劳动报酬的权利

随着劳动制度的改革，劳动报酬成为劳动者与用人单位所签订的劳动合同的必备条款。劳动者付出劳动，依照合同及国家有关法律取得报酬，是劳动者的权利。而及时定额的向劳动者支付工资，则是用人单位的义务。用人单位违法这些应尽的义务，劳动者有权依法要求有关部门追究其责任。获取劳动报酬是劳动者持续的形式劳动权必不可少的物质保证。

（四）获得劳动安全卫生保护的权利

这是保证劳动者在劳动中生命安全和身体健康，是对享受劳动权利的主体切身利益最直接的保护。主要包括防止工伤事故和职业病。如果企业单位劳动保护工作欠缺，其后果不仅是某些权益的丧失，而且是劳动者健康和生命直接受到伤害。

（五）休息的权利

我国宪法规定，劳动者有休息的权利，国家发展劳动者休息和休养的设施，规定职工的工作时间和休假制度。

（六）享有社会保险和福利的权利

疾病和年老是每一个劳动者都不可避免的。社会保险是劳动力再生产的一种客观需要。我国《劳动法》规定劳动保险包括：养老保险、医疗保险、工伤保险、失业保险、生育保险等。但目前我国的社会保险还存在一些问题，社会保险基金制度不健全，国家负担过重，社会保险的实施范围不广泛，发展不平衡，社会化程度低，影响劳动力合理流动。

（七）接受职业技能培训的权利

我国宪法规定，公民有受教育的权利和义务。所谓受教育既包括受普通教育，也包括受职业教育。公民要实现自己的劳动权，必须拥有一定的职业技能，而要获得这些职业技能，越来越依赖于专门的职业培训。因此，劳动者若没有职业培训权利，那么劳动就业权利也就成为一句空话。

（八）提请劳动争议处理的权利

劳动争议是指劳动关系当事人，因执行《劳动法》或履行集体合同和劳动合同的规定引起的争议。劳动关系当事人，作为劳动关系的主体，各自存在着不同的利益，双方不可避免地会产生分歧。用人单位与劳动者发生劳动争议，劳动者可以依法申请调解、仲裁、提起诉讼。劳动争议调解委员会由用人单位、工会和职工代表组成。劳动仲裁委员会由劳动行政部门的代表、同级工会、用人单位代表组成。解决劳动争议应该贯彻合法、公正、及时处理的原则。

【案例分析】

1. 结合要点提示分析：小马在公司中享有什么权利？为什么？

2. 结合要点提示分析：小马是否可以到劳动仲裁机构解决与公司的纠纷？为什么？

【学习感悟】

通过学习，我了解了______

通过案例分析，我学会了______

通过案例讨论，我提高了______

通过案例讨论，我印象最深的是______

【实例应用】

某职业学校学生小黄和小刘毕业实习后被某单位留用做电工，小黄上班经常迟到；而小刘积极努力工作，参加了成人高考，考上了大专，每天早早地到单位打扫卫生，深受师傅和领导的好评。不久，单位将小刘送往上海学习技术半年；而小黄由于多次违反劳动纪律被单位解除合同。试用法学原理说明：某单位对小黄和小刘两种截然不同的做法是否合法？为什么？

第二节　促进就业原则

【案例介绍】

某职业学校财会专业毕业生小娜看到某银行的招聘启事中招聘柜台出纳，小娜认为自己完全符合应聘条件，于是带着简历和相关证件到银行应聘。在面试时，小娜被银行人事部门告知“不招用女生，只招收男生”，于是小娜到当地劳动仲裁部门状告该银行在就业上有性别歧视。

【案例讨论】

1. 该银行的做法是否正确？

2. 银行柜台招聘出纳是否必须是男性？为什么？

【要点讨论】

一、相关法律规定

《劳动法》第十二条规定：“劳动者就业，不因民族、种族、性别、宗教信仰不同而受歧视。”

第十三条规定：“妇女享有与男子平等的就业权利。在录用职工时，除国家规定的不适合妇女的工种或者岗位外，不得以性别为由拒绝录用妇女或者提高对妇女的录用标准。”

第十四条规定：“残疾人、少数民族人员、退出现役的军人的就业，法律、法规有特别规定的，从其规定。”

第十五条规定：“禁止用人单位招用未满十六周岁的未成年人。文艺、体育和特种工艺单位招用未满十六周岁的未成年人，必须依照国家有关规定，履行审批手续，并保障其接受义务教育的权利。”

二、劳动就业权

劳动就业权是指具有劳动权利能力与劳动行为能力，并且有劳动愿望的劳动者依法从事有劳动报酬或经营收入的劳动的权利。劳动就业权是劳动者最基本的权利之一。《宪法》规定，中华人民共和国公民有劳动的权利和义务。劳动就业权，作为劳动者最基本的权利，又被称为工作权或狭义的劳动权。

三、劳动就业的原则

（1）平等就业原则，指劳动者享有平等就业权利和就业机会。

（2）相互选择原则，指劳动者自由选择用人单位，用人单位自主择优选择劳动者。

（3）竞争就业原则，指劳动者通过用人单位考试考核竞争取胜而获得就业岗位。

（4）照顾特殊群体人员就业原则，指谋求职业有困难或处境不利的人员，包括妇女、残疾人、少数民族人员、退出现役的人员。

（5）禁止未满 16 周岁的未成年人就业原则。

【案例分析】

1. 结合法条分析：该银行以性别不符合要求为由拒绝小娜是否合法？为什么？

2. 结合法条分析：小娜将该银行诉至当地劳动仲裁部门是否合法有效？为什么？

【学习感悟】

通过学习，我了解了________

通过案例分析，我学会了________

通过案例讨论，我提高了________

通过案例讨论，我印象最深的是________

【实例应用】

某职业学校工民建专业学生小汪毕业后，参加某建筑公司的招聘会，小汪完全符合该公司的招聘条件。当双方就福利待遇、工作用餐问题进一步洽谈时，该公司得知小汪是回民，当即表示公司没有清真食堂不能解决小汪的用餐问题，对小汪不予录用。试用法学原理分析：建筑公司的做法是否合法？为什么？

第三节 劳动合同

【案例介绍】

某职业学校电气专业学生小刚在某公司毕业实习结束后，经考核被单位正式录用，公司为了省事与小刚签订了一份用工协议，双方约定工作期限3年，每月工资1 800元，工种是电工。

【案例讨论】

1. 某公司是否可以与小刚私下签订用工协议？

2. 某公司与小刚签订的协议是否符合劳动合同的法律规定？

【要点提示】

一、劳动合同的概念

《劳动法》第十六条规定："劳动合同是劳动者与用人单位确立劳动关系、明确双方权利和义务的协议。建立劳动关系应当订立劳动合同。"

二、劳动合同的订立原则

《劳动法》第十七条规定："订立和变更劳动合同，应当遵循平等自愿、协商一致的原则，不得违反法律、行政法规的规定。劳动合同依法订立即具有法律约束力，当事人必须履行劳动合同规定的义务。"

三、劳动合同的内容

《劳动法》第十九条规定，劳动合同应当以书面形式订立，并具备以下条款：

（1）劳动合同期限；

（2）工作内容；

（3）劳动保护和劳动条件；

（4）劳动报酬；

（5）劳动纪律；

（6）劳动合同终止的条件；

（7）违反劳动合同的责任。

劳动合同除以上规定的必备条款外，当事人可以协商约定其他内容。

四、劳动合同的期限与终止

《劳动法》第二十条第一款规定："劳动合同的期限分为有固定期限、无固定期限和以完成一定的工作为期限。"

第二十一条规定："劳动合同可以约定试用期。试用期最长不得超过六个月。"

第二十二条规定："劳动合同当事人可以在劳动合同中约定保守用人单位商业秘密

的有关事项。”

第二十三条规定：“劳动合同期满或者当事人约定的劳动合同终止条件出现，劳动合同即行终止。”

五、劳动合同的解除

《劳动法》第二十四条规定：“经劳动合同当事人协商一致，劳动合同可以解除。”

第二十五条规定，劳动者有下列情形之一的，用人单位可以解除劳动合同：

（1）在试用期间被证明不符合录用条件的；

（2）严重违反劳动纪律或者用人单位规章制度的；

（3）严重失职，营私舞弊，对用人单位利益造成重大损害的；

（4）被依法追究刑事责任的。

第二十六条规定，有下列情形之一的，用人单位可以解除劳动合同，但是应当提前三十日以书面形式通知劳动者本人：

（1）劳动者患病或者非因工负伤，医疗期满后，不能从事原工作也不能从事由用人单位另行安排的工作的；

（2）劳动者不能胜任工作，经过培训或者调整工作岗位，仍不能胜任工作的；

（3）劳动合同订立时所依据的客观情况发生重大变化，致使原劳动合同无法履行，经当事人协商不能就变更劳动合同达成协议的。

第三十一条规定：“劳动者解除劳动合同，应当提前三十日以书面形式通知用人单位。”

第三十二条规定，有下列情形之一的，劳动者可以随时通知用人单位解除劳动合同：

（1）在试用期内的；

（2）用人单位以暴力、威胁或者非法限制人身自由的手段强迫劳动的；

（3）用人单位未按照劳动合同约定支付劳动报酬或者提供劳动条件的。

【案例分析】

1. 结合法条分析：某公司与小刚签订的用工协议是否具备法律效力？为什么？

2. 结合法条分析：对于某公司与小刚签订的用工协议条款，你认为还有哪些需要补充？

【学习感悟】

通过学习，我了解了______

通过案例分析，我学会了______

通过案例讨论，我提高了______

通过案例讨论，我印象最深的是______

【实例应用】

某职业学校电气专业学生小韩毕业实习后，被某供热公司留用并签订了劳动合同。起初领导非常器重小韩，把收水费的工作交给小韩。小韩却见利忘义将收取的 1 万多元水费贪污后潜逃，供热公司向检察院报案的同时，决定解除与小韩的劳动合同。试用法学原理分析：供热公司是否可以单方面解除与小韩的合同？为什么？

第四节　工作时间和休息休假

【案例介绍】

某职业学校学生张某毕业后被分配到某热力公司工作。某日某居民小区的供热管线爆裂，热力公司派张某与其同事赶赴抢修现场，经过十多个小时的抢修，小区供热系统恢复了正常，可是张某已经连续工作了 18 小时，事后张某认为公司违反了《劳动法》，延长了他的工作时间，并要求公司给予其延长工作时间的特殊补贴，热力公司没有答应张某的要求。

【案例讨论】

1. 张某要求公司给予特殊补贴的理由是否成立？

2. 热力公司是否必须给予张某延长工作时间的特殊补贴？

【要点提示】

一、工作时间

《劳动法》第三十六条规定：“国家实行劳动者每日工作时间不超过八小时、平均每周工作时间不超过四十四小时的工时制度。”

二、休息与休假

《劳动法》第三十八条规定：“用人单位应当保证劳动者每周至少休息一日。”

第四十条规定，用人单位在下列节日期间应当依法安排劳动者休假：

（1）元旦；

（2）春节；

（3）国际劳动节；

（4）国庆节；

（5）法律、法规规定的其他休假节日。

三、延长工作时间

《劳动法》第四十一条规定：“用人单位由于生产经营需要，经与工会和劳动者协商后可以延长工作时间，一般每日不得超过一小时；因特殊原因需要延长工作时间的，在保障劳动者身体健康的条件下延长工作时间每日不得超过三小时，但是每月不得超过三十六小时。”

第四十二条规定，有下列情形之一的，延长工作时间不受《劳动法》第四十一条规定的限制：

（1）发生自然灾害、事故或者因其他原因，威胁劳动者生命健康和财产安全，需要紧急处理的；

（2）生产设备、交通运输线路、公共设施发生故障，影响生产和公众利益，必须及时抢修的；

（3）法律、行政法规规定的其他情形。

第四十四条规定，有下列情形之一的，用人单位应当按照下列标准支付高于劳动者正常工作时间工资的工资报酬：

（1）安排劳动者延长工作时间的，支付不低于工资的百分之一百五十的工资报酬；

（2）休息日安排劳动者工作又不能安排补休的，支付不低于工资的百分之二百的工资报酬；

（3）法定休假日安排劳动者工作的，支付不低于工资的百分之三百的工资报酬。

【案例分析】

1. 结合法条分析：张某认为公司违反《劳动法》，延长其工作时间是否有法律依据？为什么？

____

____

____

____

2. 结合法条分析：公司派张某抢修热力设备超出了加班时限是否违法？为什么？

____

____

____

____

【学习感悟】

通过学习，我了解了________________

通过案例分析，我学会了________________

通过案例讨论，我提高了________________

通过案例讨论，我印象最深的是________________

____

【实例应用】

某职业学校学生小江毕业后被分配到某公司工作，恰逢春节公司举办促销活动，小江连续四个双休日没有休息。春节过后公司安排小江补休，没有支付小江加班费。小江认为事后补休不适合自己，要求不补休而让公司支付加班费用，公司没有给予答复，于是小江把公司诉至劳动仲裁委员会。试用法学原理分析：小江的要求是否具备法律依据？为什么？

第五节　工资

【案例介绍】

某职业学校学生小鹏的母亲由于原企业破产下岗，又应聘到某物业公司做保洁工作，试用期后，该公司给小鹏的母亲每月发放工资 800 元。后来，小鹏的母亲得知当地最低工资标准为 1 100 元，找到物业公司交涉未果，于是小鹏的母亲将物业公司诉至劳动仲裁委员会，要求补足低于最低工资标准的差额部分。

【案例讨论】

1. 对于小鹏的母亲要求公司将其工资提高至最低工资标准的要求，公司是否应给予解决？

2. 物业公司对小鹏的母亲降低工资标准的做法对吗？

【要点提示】

一、工资的分配

《劳动法》第四十六条第一款规定：“工资分配应当遵循按劳分配原则，实行同工同酬。”

二、最低工资标准

《劳动法》第四十八条规定：“国家实行最低工资保障制度。最低工资的具体标准由省、自治区、直辖市人民政府规定，报国务院备案。用人单位支付劳动者的工资不得低于当地最低工资标准。”

第四十九条规定，确定和调整最低工资标准应当综合参考下列因素：

（1）劳动者本人及平均赡养人口的最低生活费用；

（2）社会平均工资水平；

（3）劳动生产率；

（4）就业状况；

（5）地区之间经济发展水平的差异。

三、相关法律规定

《劳动法》第五十条规定：“工资应当以货币形式按月支付给劳动者本人。不得克扣或者无故拖欠劳动者的工资。”

第五十一条规定：“劳动者在法定休假日和婚丧假期间以及依法参加社会活动期间，用人单位应当依法支付工资。”

第八十五条规定，用人单位有下列情形之一的，由劳动行政部门责令限期支付劳动报酬、加班费或者经济补偿；劳动报酬低于当地最低工资标准的，应当支付其差额部分；逾期不支付的，责令用人单位按应付金额百分之五十以上百分之一百以下的标准向劳动者加付赔偿金：

（1）未按照劳动合同的约定或者国家规定及时足额支付劳动者劳动报酬的；

（2）低于当地最低工资标准支付劳动者工资的；

（3）安排加班不支付加班费的；

（4）解除或者终止劳动合同，未依照本法规定向劳动者支付经济补偿的。

四、工资的组成

工资由以下内容组成：计时工资、计件工资、奖金、津贴和补贴、加班加点工资、特殊情况下支付的工资。

【案例分析】

1. 结合法条分析：物业公司给小鹏的母亲每月发放 800 元工资是否合法？为什么？

2. 结合法条分析：小鹏的母亲到劳动仲裁部门的请求能否得到支持？为什么？

【学习感悟】

通过学习，我了解了＿＿＿＿＿＿＿＿

通过案例分析，我学会了＿＿＿＿＿＿＿＿

通过案例讨论，我提高了＿＿＿＿＿＿＿＿

通过案例讨论，我印象最深的是＿＿＿＿＿＿＿＿

【实例应用】

某职业学生小刚毕业后，到一家民营企业应聘，试用期过后，该企业与小刚签订了劳动合同，合同规定每月5日发工资，每月扣除缴纳各种保险和费用后，实发1 200元。结果该企业连续5个月没有按时发工资，每月都拖欠工资，小刚和同事找到单位，单位的答复是：由于企业销售不好，客户不结算货款，所以只能拖欠工资。试用法学原理分析：企业拖欠小刚工资的做法是否合法？拖欠的理由是否成立？为什么？

第六节　劳动安全卫生

【案例介绍】

某技工学校学生小吕毕业后到一家水泥加工厂工作。水泥厂的操作间工作条件极差，工人们在恶劣的环境里进行着水泥加工，一天下来，小吕和同事从头到脚全是灰尘，工厂没有给他们提供任何防护措施和用品。不久该厂被举报，环保局和劳动安监部门对该厂进行了彻查。小吕和同事们决定到劳动仲裁部门维护自己的合法权益，要求单位对他们承担相应的补偿费用。

【案例讨论】

1. 环保局和劳动安监部门对该厂的彻查是否正确？为什么？

2. 小吕和同事到劳动仲裁部门要求单位对他们承担相应的补偿费用可以吗？

【要点提示】

一、对用人单位的要求

《劳动法》第五十二条规定："用人单位必须建立、健全劳动安全卫生制度，严格执行国家劳动安全卫生规程和标准，对劳动者进行劳动安全卫生教育，防止劳动过程中的事故，减少职业危害。"

第五十四条规定："用人单位必须为劳动者提供符合国家规定的劳动安全卫生条件和必要的劳动防护用品，对从事有职业危害作业的劳动者应当定期进行健康检查。"

二、对劳动者的要求

《劳动法》第五十五条规定："从事特种作业的劳动者必须经过专门培训并取得特种作业资格。"

第五十六条规定："劳动者在劳动过程中必须严格遵守安全操作规程。劳动者对用人单位管理人员违章指挥、强令冒险作业，有权拒绝执行；对危害生命安全和身体健康的行为，有权提出批评、检举和控告。"

【案例分析】

1. 结合法条分析：该水泥厂对小吕及其同事是否应负相应的法律责任？为什么？

2. 结合法条分析：小吕和同事要求该厂给予相应的补贴能否得到劳动仲裁部门的支持？为什么？

【学习感悟】

通过学习，我了解了______

通过案例分析，我学会了______

通过案例讨论，我提高了______

通过案例讨论，我印象最深的是______

______

【实例应用】

某职业学校烹饪专业的学生小刘，毕业后在一家生产家具的乡镇企业的食堂做厨师。没过多久，该厂接了一批订单，而该厂的木工休假回家，于是厂长让小刘去木工组做木工，使用电锯开木头。小刘由于没有经过培训，在一次开木头的过程中，右手的三个手指被电锯锯掉。单位当即把他送往医院，事后小刘找到单位要求给予工伤赔偿时，单位的答复是小刘由于自己不小心把手指锯掉与单位无关，拒绝赔偿。于是小刘将该家具厂诉至法院。试用法学原理分析：家具厂对小刘的工伤事故是否应负有法律责任？小刘可否拒绝厂长的工作安排？小刘的诉讼请求可否得到法院的支持？为什么？

______

______

______

______

______

______

第七节　社会保险

【案例介绍】

某职业学校学生小孟的父亲在某煤矿上班，由于该煤矿经营管理不善，发生塌方事故，小孟的父亲被压死。小孟的母亲没有工作，还要抚养小孟上学。小孟的母亲找到煤矿，煤矿只给付了丧葬费，没有给任何抚恤金和赔偿金，以及小孟的学费等费用。小孟的母亲将该煤矿诉至法院，要求煤矿承担法律责任。

【案例讨论】

1. 煤矿是否应对小孟父亲的死亡负法律责任？为什么？

2. 煤矿只给付了小孟父亲的丧葬费是否正确？

【要点提示】

一、社会保险的概念

社会保险是一种为丧失劳动能力、暂时失去劳动岗位或因健康原因造成损失的人口提供收入或补偿的一种社会和经济制度。社会保险计划由政府举办，强制某一群体将其收入的一部分作为社会保险税（费）形成社会保险基金，在满足一定条件的情况下，被保险人可从基金获得固定的收入或损失的补偿，它是一种再分配制度，它的目标是保证物质及劳动力的再生产和社会的稳定。

社会保险的主要项目包括养老社会保险、医疗社会保险、失业保险、工伤保险、生育保险等。

二、社会保险金的使用

（1）劳动者死亡后，其遗属依法享受遗属津贴。

（2）劳动者享受的社会保险金必须按时足额支付。

（3）任何组织和个人不得挪用社会保险基金。

三、相关法律规定

《劳动法》第七十条规定：“国家发展社会保险事业，建立社会保险制度，设立社会保险基金，使劳动者在年老、患病、工伤、失业、生育等情况下获得帮助和补偿。”

第七十二条规定：“社会保险基金按照保险类型确定资金来源，逐步实行社会统筹。用人单位和劳动者必须依法参加社会保险，缴纳社会保险费。”

第七十三条规定，劳动者在下列情形下，依法享受社会保险待遇：

（1）退休；

（2）患病、负伤；

（3）因工伤残或者患职业病；

（4）失业；

（5）生育。

四、工伤保险

2011年1月1日起施行的《工伤保险条例》第三十九条规定，职工因工死亡，其近亲属按照下列规定从工伤保险基金领取丧葬补助金、供养亲属抚恤金和一次性工亡补助金：

（1）丧葬补助金为6个月的统筹地区上年度职工月平均工资。

（2）供养亲属抚恤金按照职工本人工资的一定比例发给由因工死亡职工生前提供主要生活来源、无劳动能力的亲属。标准为：配偶每月40%，其他亲属每人每月30%，孤寡老人或者孤儿每人每月在上述标准的基础上增加10%。核定的各供养亲属的抚恤金之和不应高于因工死亡职工生前的工资。供养亲属的具体范围由国务院社会保险行政部门规定。

（3）一次性工亡补助金标准为上一年度全国城镇居民人均可支配收入的20倍。

【案例分析】

1. 结合法条分析：煤矿的做法是否违反了《劳动法》？为什么？

2. 结合法条分析：对于小孟的母亲要求煤矿支付抚恤金、赔偿金以及小孟的学费等费用法院可否予以支持？为什么？

【学习感悟】

通过学习，我了解了______

通过案例分析，我学会了______

通过案例讨论，我提高了______

通过案例讨论，我印象最深的是______

【实例应用】

某职业学校毕业生小黄在某民营企业办公室做文员，由于行业发展的冲击，该民营企业的效益日趋下降，濒临破产的边缘。恰逢小黄与公司的合同到期，于是小黄找到另外一家公司上班，在调动工作办理相关手续时，才得知原企业有两年没有给自己缴纳养老保险、大病医疗、失业险、工伤险、生育险等社会保险。于是小黄找到该企业要求补缴上述社会保险，该企业以没有资金为由拒绝缴纳。试用所学法学原理分析：该企业是否应对小黄的各项社会保险费用给予补缴？该企业行为是否违法？为什么？

第六单元

消费者权益保护法

第一节　消费者的权利

【案例介绍】

某职业学校的学生小王的母亲从某商场买了一台煤气热水器，没有用多久，一天小王的母亲在洗澡过程中被煤气熏倒，小王赶紧送母亲去了医院，经过一星期的救治，小王的母亲才脱离危险。事后，小王和母亲找到该商场商讨赔付医药费、误工费、损害赔偿等费用，该商场说热水器不是他们生产的，他们不管，要小王和母亲自己找厂家。可是该煤气热水器的生产厂家远在外地，于是小王和母亲将某商场诉至法院。

【案例讨论】

1. 商场是否应对小王的母亲承担责任？

2. 商场让小王和母亲自己找厂家索赔的理由成立吗？

【要点提示】

一、人身与财产安全权

《中华人民共和国消费者权益保护法》（以下简称《消费者权益保护法》）第七条规定："消费者在购买、使用商品和接受服务时享有人身、财产安全不受损害的权利。消费者有权要求经营者提供的商品和服务，符合保障人身、财产安全的要求。”

二、知情权

《消费者权益保护法》第八条规定：“消费者享有知悉其购买、使用的商品或者接受的服务的真实情况的权利。消费者有权根据商品或者服务的不同情况，要求经营者提供商品的价格、产地、生产者、用途、性能、规格、等级、主要成份、生产日期、有效期限、检验合格证明、使用方法说明书、售后服务，或者服务的内容、规格、费用等有关情况。”

三、自主选择权

《消费者权益保护法》第九条规定：“消费者享有自主选择商品或者服务的权利。消费者有权自主选择提供商品或者服务的经营者，自主选择商品品种或者服务方式，自主决定购买或者不购买任何一种商品、接受或者不接受任何一项服务。消费者在自主选择商品或者服务时，有权进行比较、鉴别和挑选。”

四、公平交易权

《消费者权益保护法》第十条规定：“消费者享有公平交易的权利。消费者在购买商品或者接受服务时，有权获得质量保障、价格合理、计量正确等公平交易条件，有权拒绝经营者的强制交易行为。”

五、依法获得赔偿权

《消费者权益保护法》第十一条规定：“消费者因购买、使用商品或者接受服务受到人身、财产损害的，享有依法获得赔偿的权利。”

六、获得知识权

《消费者权益保护法》第十三条规定：“消费者享有获得有关消费和消费者权益保护方面的知识的权利。消费者应当努力掌握所需商品或者服务的知识和使用技能，正确使用商品，提高自我保护意识。”

七、人格权

《消费者权益保护法》第十四条规定：“消费者在购买、使用商品和接受服务时，享有其人格尊严、民族风俗习惯得到尊重的权利。”

【案例分析】

1. 结合法条分析：该商场是否应赔偿小王母亲的医药费、误工费、损害赔偿等费用？

2. 结合法条分析：小王母亲主张的权益是否必须由煤气热水器的生产厂家来承担？为什么？

【学习感悟】

通过学习，我了解了____________________

通过案例分析，我学会了____________________

通过案例讨论，我提高了____________________

通过案例讨论，我印象最深的是____________________

【实例应用】

某职业学校学生小张与其父亲去一家大型商场购买磁疗杯，几经挑选，他们看上了某厂家生产的磁疗杯，于是售货员王某主动为他们介绍并把磁疗杯拆开包装，装上水做实验。小张和其父亲对王某的介绍和演示有些质疑，于是不想购买，王某拉住小张和其父亲，强迫他们买下磁疗杯，理由是已经拆封了就必须要买，无奈之下，小张和其父亲只能花750元买下了磁疗杯。试用法学原理分析：王某可否强迫小张和其父亲买下磁疗杯？王某的理由是否成立？为什么？

第二节 经营者的义务

【案例介绍】

某职业学校学生小红体形较胖，于是想去吸脂减肥。她来到某减肥中心做吸脂，减肥中心工作人员对小红做了承诺：无效退款。一周后小红做完了吸脂后非但没有达到预期的效果，反而体形走样。于是小红要求减肥中心退款并承担赔偿责任。减肥中心称：因为小红自身的身体条件特殊导致吸脂失败，拒绝退款和赔偿。于是，小红把减肥中心诉至法院。

【案例讨论】

1. 减肥中心是否应给小红退款？

2. 减肥中心拒绝赔付的理由是否成立？

【要点提示】

一、保障消费者人身、财产安全

《消费者权益保护法》第十六条第一款规定：“经营者向消费者提供商品或者服务，应当依照《中华人民共和国产品质量法》和其他有关法律、法规的规定履行义务。”

第十八条第一款规定：“经营者应当保证其提供的商品或者服务符合保障人身、财产安全的要求。对可能危及人身、财产安全的商品和服务，应当向消费者作出真实的说明和明确的警示，并说明和标明正确使用商品或者接受服务的方法以及防止危害发生的方法。”

二、提供信息真实

《消费者权益保护法》第十九条规定：“经营者应当向消费者提供有关商品或者服务的真实信息，不得作引人误解的虚假宣传。经营者对消费者就其提供的商品或者服务的质量和使用方法等问题提出的询问，应当作出真实、明确的答复。商店提供商品应当明码标价。”

三、标明名称和价格

《消费者权益保护法》第二十条规定：“经营者应当标明其真实名称和标记。租赁他人柜台或者场地的经营者，应当标明其真实名称和标记。”

四、其他义务

《消费者权益保护法》第二十二条规定：“经营者应当保证在正常使用商品或者接受服务的情况下其提供的商品或者服务应当具有的质量、性能、用途和有效期限；但消费者在购买该商品或者接受该服务前已经知道其存在瑕疵的除外。经营者以广告、产品说明、实物样品或者其他方式表明商品或者服务的质量状况的，应当保证其提供的商品或者服务的实际质量与表明的质量状况相符。”

第二十三条规定：“经营者提供商品或者服务，按照国家规定或者与消费者的约定，承担包修、包换、包退或者其他责任的，应当按照国家规定或者约定履行，不得故意拖延或者无理拒绝。”

【案例分析】

1. 结合法条分析：减肥中心是否应对小红的吸脂失败承担法律责任？为什么？

______

2. 结合法条分析：如果你是法官会如何判理此案？为什么？

______

【学习感悟】

通过学习，我了解了______

通过案例分析，我学会了______

通过案例讨论，我提高了______

通过案例讨论，我印象最深的是______

【实例应用】

某职业学校的学生小王的母亲看到一则电视广告，介绍某厂家生产的床垫可以治疗颈椎病，在一些连锁店有销售，于是小王的母亲到其中一家连锁店花了2 000元购买床垫。使用了一个月丝毫没有见疗效，于是小王与其母给厂家打电话，厂家要他们找连锁店退换货，而当他们找到卖床垫的连锁店时，连锁店说他们没有授权不能给予退换货。无奈之下，小王的母亲将电视台诉至法院。适用法学原理分析：小王的母亲要求退换货应由谁来负责？为什么？如果你是法官应如何处理本案？

______

第三节　争议的解决

【案例介绍】

某职业学校的学生小雨与奶奶到某展销会购买商品，展销会上商品繁多，小雨的奶奶想购买一个电褥子，于是在比较了多家销售电褥子的摊位后，选择了某厂家生产的一款又便宜又好看的电褥子。天气冷了，小雨的奶奶把电褥子拿出来使用，结果电褥子把被子和床垫烧出了大窟窿，险些出人命。于是小雨和奶奶找到展销会，卖电褥子的摊位早就人去楼空，而生产厂家是远在外地的一家民营企业。于是小雨和奶奶只好找到展销会的举办方要求承担退货并赔偿损失的责任，展销会的举办方某展览馆的负责人答复：他们不承担责任，让小雨和奶奶找生产厂家或者找卖电褥子摊位的摊主承担责任。小雨和奶奶随即将某展览馆诉至法院。

【案例讨论】

1. 小雨和奶奶是否有权找展销会的承办方某展览馆承担责任？

2. 如果在展销会没有结束期间，小雨和奶奶提出的退货并赔偿损失应当由谁来承担责任？

【要点提示】

一、争议的解决途径

《消费者权益保护法》第三十四条规定，消费者和经营者发生消费者权益争议的，可以通过下列途径解决：

（1）与经营者协商和解；

（2）请求消费者协会调解；

（3）向有关行政部门申诉；

（4）根据与经营者达成的仲裁协议提请仲裁机构仲裁；

（5）向人民法院提起诉讼。

二、赔偿责任

《消费者权益保护法》第三十五条规定，消费者在购买、使用商品时，其合法权益受到损害的，可以向销售者要求赔偿。销售者赔偿后，属于生产者的责任或者属于向销售者提供商品的其他销售者的责任的，销售者有权向生产者或者其他销售者追偿。

消费者或者其他受害人因商品缺陷造成人身、财产损害的，可以向销售者要求赔偿，也可以向生产者要求赔偿。属于生产者责任的，销售者赔偿后，有权向生产者追偿。属于销售者责任的，生产者赔偿后，有权向销售者追偿。

消费者在接受服务时，其合法权益受到损害的，可以向服务者要求赔偿。

三、相关法律规定

《消费者权益保护法》第三十八条规定：“消费者在展销会、租赁柜台购买商品或者接受服务，其合法权益受到损害的，可以向销售者或者服务者要求赔偿。展销会结束或者柜台租赁期满后，也可以向展销会的举办者、柜台的出租者要求赔偿。展销会的举办者、柜台的出租者赔偿后，有权向销售者或者服务者追偿。”

第三十九条规定：“消费者因经营者利用虚假广告提供商品或者服务，其合法权益受到损害的，可以向经营者要求赔偿。广告的经营者发布虚假广告的，消费者可以请求行政主管部门予以惩处。广告的经营者不能提供经营者的真实名称、地址的，应当承担赔偿责任。”

【案例分析】

1. 结合法条分析：展览馆负责人给小雨奶奶的答复正确吗？为什么？

2. 结合法条分析：如果展览馆提供了卖给小雨奶奶电褥子的摊主的地址，小雨和奶奶可否找卖电褥子的摊主索赔呢？为什么？

【学习感悟】

通过学习，我了解了

通过案例分析，我学会了

通过案例讨论，我提高了

通过案例讨论，我印象最深的是

【实例应用】

某职业学校的学生小米和其父亲到某商场购买了一台某品牌的电脑，新电脑使用不到一个月就出现黑屏等多种无法运行的状况，于是小米将电脑拿到权威的部门进行检测，检测报告证明该电脑存在严重的质量问题。当小米找到厂家要求退货时，厂家总以各种理由推脱责任，让小米找某商场去退货，某商场又让小米找厂家解决。试用法学原理分析：小米的请求应由谁来负责？为什么？

第四节　法律责任

【案例介绍】

某职业学校学生小古的母亲到某商场购买了一台电动按摩仪，在使用的过程中，按摩仪漏电将小古的母亲电死，按摩仪的生产厂家是外地的一个民营企业，于是小古的父亲找到商场要求退货并赔偿丧葬费、死亡赔偿金等费用，商场予以拒绝，让小古的父亲找厂家，万般无奈的情况下小古的父亲将某商场和厂家诉至法院。

【案例讨论】

1. 某商场是否应对小古母亲购买的电动按摩仪给予退货处理？

2. 小古的父亲是否必须去外地找厂家才能主张自己的合法权益？为什么？

【要点提示】

一、民事责任

《消费者权益保护法》第四十条规定，经营者提供商品或者服务有下列情形之一的，除本法另有规定外，应当依照《中华人民共和国产品质量法》和其他有关法律、法规的规定，承担民事责任：

（1）商品存在缺陷的；

（2）不具备商品应当具备的使用性能而出售时未作说明的；

（3）不符合在商品或者其包装上注明采用的商品标准的；

（4）不符合商品说明、实物样品等方式表明的质量状况的；

（5）生产国家明令淘汰的商品或者销售失效、变质的商品的；

（6）销售的商品数量不足的；

（7）服务的内容和费用违反约定的；

（8）对消费者提出修理、重作、更换、退货、补足商品数量、退还货款和服务费用或者赔偿损失的要求，故意拖延或者无理拒绝的；

（9）法律、法规规定的其他损害消费者权益的情形。

第四十四条规定："经营者提供商品或者服务，造成消费者财产损害的，应当按照消费者的要求，以修理、重作、更换、退货、补足商品数量、退还货款和服务费用或者赔偿损失等方式承担民事责任。消费者与经营者另有约定的，按照约定履行。"

二、刑事责任

《消费者权益保护法》第四十一条规定："经营者提供商品或者服务，造成消费者或者其他受害人人身伤害的，应当支付医疗费、治疗期间的护理费、因误工减少的收入等费用，造成残疾的，还应当支付残疾者生活自助具费、生活补助费、残疾赔偿金以及由其扶养的人所必需的生活费等费用；构成犯罪的，依法追究刑事责任。"

第四十二条规定："经营者提供商品或者服务，造成消费者或者其他受害人死亡的，应当支付丧葬费、死亡赔偿金以及由死者生前扶养的人所必需的生活费等费用；构成犯罪的，依法追究刑事责任。"

三、其他责任

《消费者权益保护法》第四十三条规定："经营者违反本法第二十五条规定，侵害消费者的人格尊严或者侵犯消费者人身自由的，应当停止侵害、恢复名誉、消除影响、赔礼道歉，并赔偿损失。"

【案例分析】

1．结合法条分析：小古的父亲要求商场退货并赔偿丧葬费、死亡赔偿金等费用是否有法律依据？为什么？

2．结合法条分析：如果你是法官应如何判理本案？

【学习感悟】

通过学习，我了解了________________

通过案例分析，我学会了________________

通过案例讨论，我提高了________________

通过案例讨论，我印象最深的是________________

【实例应用】

某职业学校的学生小黄到某超市购物，当他排队交钱的时候，超市的广播突然响起："超市丢失了商品，要求所有的顾客在出口处接受保安的搜身检查。"于是小黄也不例外地接受了搜查。事后小黄回到家中与其父母讲明此事，小黄的父母找到该超市，要求该超市赔礼道歉，该超市不予理睬，于是小黄的父母将某超市诉至法院。试用法学原理说明：小黄父母的诉讼请求是否合法？为什么？如果你是法官应如何审理此案？

第七单元 婚姻家庭法和继承法

第一节 婚姻家庭法

【案例介绍】

张某是王某的表哥，两人相爱三年准备结婚，婚姻登记机关不予办理手续；某职高学生小吕在学校与同学小刚玩耍时将小辉推倒，使小辉摔伤，小辉的父母找到小吕和小刚的父母要求赔偿；某精神病人李某将邻居某职业学校学生小万打伤，小万的父母找到李某的家人要求赔偿。

【案例讨论】

1. 张某和王某是否可以结婚？为什么？

2. 小吕和小刚的父母是否要对小辉承担赔偿责任？为什么？

3. 李某的家人是否应对小万给予赔偿？为什么？

【要点提示】

一、婚姻家庭法的基本原则

（1）婚姻自由原则。

（2）一夫一妻原则。

（3）男女平等原则。

（4）保护妇女、儿童和老人合法权益原则。

（5）计划生育原则。

（6）夫妻间相互忠实、家庭成员间敬老爱幼互相帮助原则。

二、亲属的实体法效力

（一）亲属的概念

（1）配偶：即夫妻，是指男女两性间因结婚而形成的亲属关系。

（2）血亲：是指有血缘关系的亲属。法律上的血亲又有以下两种分类：自然血亲和法律拟制血亲。

（3）姻亲：是指以婚姻关系为中介而产生的亲属，夫妻关系除外。男女结婚以后，配偶一方与另一方的亲属之间产生姻亲关系。根据姻亲间联系的环节，姻亲分为三种：血亲的配偶、配偶的血亲、配偶的血亲的配偶。

（4）血亲的配偶：是指己身血亲的配偶，如儿媳、女婿、嫂子、姐夫、婶子、舅妈、姑父、姨父、继父母（未与继子女形成抚养教育关系的）等。

（5）配偶的血亲：是指己身配偶的血亲，如公婆、岳父母、妻的兄弟姐妹、夫的兄弟姐妹、继子女（未受继父母抚养教育的）等。

（二）亲属在婚姻家庭法上的效力

（1）一定范围内亲属之间的相互扶养义务。

（2）一定范围内亲属之间的相互继承遗产的权利。

（3）一定范围内亲属之间的具有法定的共同财产。

（4）一定范围内的血亲禁止结婚。

（5）特定的亲属之间代为承担民事责任。

（三）亲属在民法上的效力

（1）亲属可以作特定法律主体的监护人或法定代理人，享有监护权、代理权。

（2）一定范围内亲属，可以向法院申请精神病人为无完全民事行为能力人。

（3）根据一定亲属关系，确定法定继承人的范围和顺序。

（4）特定的监护人代被监护人承担民事责任。

（5）亲属对失踪人的财产有代管权。

三、亲属的程序法效力

（1）一定范围的亲属身份是司法人员回避的原因。

（2）亲属在诉讼过程中享有辩护权和代理权。

（3）有权提起行政诉讼的公民死亡，其近亲属可以原告身份提起诉讼。

（4）死亡人名誉权、著作权受到侵害，其近亲属可以提起诉讼。

（5）亲属在诉讼过程中也负有一定的义务。

【案例分析】

1. 结合法律分析：小吕和小刚的父母对小辉受伤是否应负法律责任？为什么？

2. 结合法律分析：李某及其家人应分别对小万受伤负什么法律责任？为什么？

【学习感悟】

通过学习，我了解了______

通过案例分析，我学会了______

通过案例讨论，我提高了______

通过案例讨论，我印象最深的是______

【实例应用】

画家张某去世后，其创作的一幅作品被某酒厂用于酒瓶包装，该酒销量很好，厂家为此盈利 60 万元。张某的妻子李某找到该酒厂要求赔偿 30 万元的侵权费用，酒厂没有给予理睬，于是李某将酒厂诉至法院。试用法学原理分析：张某虽然不在人世，他的妻子是否有权主张 30 万元的损害赔偿？为什么？

第二节　继承法

【案例介绍】

某职高生小雨的姥姥姥爷相继去世，留下了五间房子和10万元存款，小雨的妈妈兄妹五人，即小雨有一个小姨和三个舅舅，在分割财产的时候，小雨的三个舅舅明确表示，只有儿子才能继承遗产，于是没有通知小雨的母亲和小姨就把五间房屋和10万元钱给分了。当小雨的母亲和小姨得知此事后，找到小雨的三个舅舅理论，他们不予理睬。于是小雨的母亲和小姨将小雨的三个舅舅诉至法院。

【案例讨论】

1. 小雨的三个舅舅的做法是否合法？

2. 小雨的母亲和小姨是否可以分得小雨姥姥姥爷的遗产？

【要点提示】

一、继承法的概念

继承法是关于调整因自然人的死亡而产生的遗产移转关系的法律规范的总称，是我国民法的重要组成部分。

二、继承法的原则

（1）保护公民私有财产继承权原则。

（2）继承权男女平等原则。

（3）权利义务相一致原则。

（4）限定继承原则。

（5）养老育幼、照顾病残者原则。

（6）互谅互让、团结和睦原则。

三、遗产的范围

（1）公民的收入。

（2）公民的房屋、储蓄和生活用品。

（3）公民的林木、牲畜和家禽。

（4）公民的文物、图书资料。

（5）法律允许公民所有的生产资料。

（6）公民的著作权、专利权中的财产权利。

（7）公民的其他合法财产，包括有价证券和履行标的为财物的债权等。

个人承包应得的个人收益，依照继承法规定继承。个人承包，依照法律规定允许由继承人继续承包的，按照承包合同办理。继承人继承遗产时，应当清偿被继承人依法应当缴纳的税款和债务。

【案例分析】

1. 结合法律分析：小雨的母亲和小姨与三个舅舅是否都有继承权？为什么？

____

____

____

2. 结合法律分析：如果你是法官应如何判理此案？遗产应怎样分割？为什么？

____

____

____

【学习感悟】

通过学习，我了解了______________________________

通过案例分析，我学会了______________________________

通过案例讨论，我提高了______________________________

通过案例讨论，我印象最深的是______________________________

____

【实例应用】

某职业学校学生小海的父亲患肝癌去世了，留下承租的单位公房一套两居室和私房平房三间、10 万元存款、5 万元稿费、3 万元公司债券，单位为小海的父亲配备的笔记本电脑和公用轿车一部。试用所学法律知识分析：哪些财产属于小海及其母亲可以继承的财产？为什么？

第三节　继承权

【案例介绍】

职高生小李的爷爷奶奶相继去世，留下了三套楼房、30 万元存款、20 万元未到期的国债。小李的叔叔双目失明；小李的姑姑一家下岗；小李的父亲有住房，小李的父母工作都很稳定，且收入较高。于是小李的父母决定：放弃继承小李爷爷奶奶遗产的份额，转给小李的叔叔和姑姑。可是小李觉得太亏了，坚决不同意父母的决定。

【案例讨论】

1. 小李是否有权干涉自己父母放弃继承遗产？

2. 小李父亲的做法是否值得提倡？

【要点提示】

一、继承权的概念

继承权是自然人依照法律规定或者被继承人生前所立的合法有效遗嘱，无偿取得死者遗产的权利。

继承法的通则：遗嘱继承优于法定继承。

二、继承权的取得根据

自人类社会产生继承制度以来，血缘关系和婚姻关系就是享有继承权得最基本前提。但随着社会的发展，扶养关系也逐渐成为取得继承权的依据。因而，继承权取得的依据应当是血缘关系、婚姻关系和扶养关系。

三、继承权的放弃

继承权的放弃是指继承人在继承开始后遗产分割前所明确作出的不继承被继承人遗产的意思表示。

放弃继承权的效力是指放弃继承在法律上所产生的后果。放弃继承权的效力在于，继承人不再继承被继承人的遗产，其“应继份额”依照有关规定处理。

四、继承权的丧失

继承权的丧失又称继承权的剥夺。按照我国继承法的规定，是指继承人因对被继承人或其他继承人犯有继承法规定的不法行为或违法行为，从而被人民法院取消其继承被继承人遗产的权利。

我国继承权丧失的原因是由法律直接规定的。《中华人民共和国继承法》（以下简称《继承法》）第七条规定：继承人有下列行为之一的，丧失继承权：

（1）故意杀害被继承人的；

（2）为争夺遗产而杀害其他继承人的；

（3）遗弃被继承人的，或者虐待被继承人情节严重的；

（4）伪造、篡改或者销毁遗嘱，情节严重的。

【案例分析】

1. 结合法律分析：小李的父亲是否可以决定放弃继承小李爷爷奶奶的遗产？为什么？

____

____

2. 结合法律分析：小李的父亲放弃的遗产份额应如何分割？

____

____

【学习感悟】

通过学习，我了解了______________________________

通过案例分析，我学会了______________________________

通过案例讨论，我提高了____________________

通过案例讨论，我印象最深的是____________________

【实例应用】

某职高学生小吕的姥姥早已去世，姥爷患重病住在医院，小吕有四个舅舅和一个小姨。小吕的四个舅舅对小吕的姥爷从不关心，老人生病后更是对其不闻不问。每天只有小吕的母亲和小姨守候在医院侍奉老人，并承担了所有医药费。小吕的姥爷立下遗嘱，把自己多年积攒的100万元和投资收益500万元，以及两处房产都平分给小吕的母亲和小姨，不给小吕的四个舅舅。小吕的二舅得知此事后，跑到医院要分割财产，与小吕的姥爷大闹，强迫小吕的姥爷在一份由其事先写好的遗嘱上按了手印，遗嘱写明由小吕的二舅继承所有遗产的一半，其他三个兄弟继承剩余一半。事后小吕的母亲和小姨将小吕的二舅诉至法院。试用法学原理分析：小吕姥爷的遗产应由谁来继承？为什么？如果你是法官应如何处理此案？

第四节 法定继承

【案例介绍】

某职高校学生张平的母亲离异后，其母带他与陈江结婚，婚后张平的母亲把儿子的名字改为陈平，让陈平叫陈江“爸爸”。四年后陈江病故，陈江的父亲陈克在新加坡经商，退休后回国定居，在陈江死后五年病故，留有30万元遗产。陈克有三子两女，大儿子与其他三兄妹商量，四人平分爸爸留下的遗产，其他三人一致同意。陈平的舅舅得知此事，主张陈平也应继承一部分遗产。但是遭到了陈家四兄妹的拒绝。他们认为，陈平和陈家不仅没有血缘关系，而且他的继父早在五年前就去世了，陈平和陈家没有任何关系。陈平的母亲认为，虽然陈平与陈江没有血缘关系，但她与陈江有夫妻关系，也是可以继承陈克的财产的。

【案例讨论】

1. 陈平继父的兄妹的说法正确吗？

2. 对于陈克的遗产究竟谁享有继承权？

【要点提示】

一、法定继承的概念

法定继承又称无遗嘱继承，继承人的范围、继承顺序、代位继承以及遗产分配的原则等，均是按法律的直接规定予以确定的继承方式。

二、继承顺序

根据《继承法》第十条的规定，遗产按下列顺序继承：第一顺序：配偶、子女、父母。第二顺序：兄弟姐妹、祖父母、外祖父母。继承开始后，由第一顺序继承人继承，第二顺序继承人不继承。没有第一顺序继承人继承的，由第二顺序继承人继承。第十二条规定：“丧偶儿媳对公、婆，丧偶女婿对岳父、岳母尽了主要赡养义务的，作为第一顺序继承人。”

三、代位继承

（一）代位继承的概念

代位继承是指在被继承人的子女先于被继承人死亡的情况下，该先死子女的晚辈直系血亲代替该先死子女继承被继承人遗产的法律制度。我国《继承法》第十一条规定：“被继承人的子女先于被继承人死亡的，由被继承人的子女的晚辈直系血亲代位继承。代位继承人一般只能继承他的父亲或母亲有权继承的遗产份额。”

（二）代位继承的适用条件

（1）被代位人必须先于被继承人死亡。

（2）被代位人只限于被继承人的晚辈直系亲属。

（3）代位继承人必须是被代位人的晚辈直系血亲。

（4）代位继承人必须是被继承人的直系血亲卑亲属。

（5）代位继承人在继承开始时生存或已受胎，即具有继承能力。

（6）代位继承只能适用于法定继承。

四、转继承

转继承是指继承人在继承开始后、遗产分割前死亡，其所应继承的遗产份额的权利转由他的继承人继承的继承法律制度。

继承开始后，继承人没有表示放弃继承，并于遗产分割前死亡的，其继承遗产的权利转移给他的合法继承人。

【案例分析】

1. 结合法律分析：陈平是否有权继承陈克的遗产？为什么？

____

____

____

2. 结合法律分析：陈平母亲的说法正确吗？为什么？

____

____

____

【学习感悟】

通过学习，我了解了______________________________

通过案例分析，我学会了______________________________

通过案例讨论，我提高了______________________________

通过案例讨论，我印象最深的是______________________________

____

【实例应用】

某职业学校学生魏平的父亲去世多年，留下魏平和其母亲二人。后来，魏平的爷爷也因病去世，留下房屋3间，存款3万元。魏平有一个叔叔魏涛和一个姑姑魏红，二人均已婚。在为魏平的爷爷办理后事当天，魏红不幸遭遇车祸身亡。魏涛认为其兄妹均已死亡，父亲的遗产只能由自己一人继承。但魏平的母亲提出自己的儿子有代位继承权；而魏红没有子女，其应继承遗产份额应均分给魏涛和魏平。可魏红的丈夫杨某则认为，自己也有继承遗产的权利，认为魏平的母亲与魏涛的分配方法不合法，于是诉至人民法院请求保护其合法的继承份额。试用法学原理分析：对于魏平爷爷的遗产，究竟谁有继承权？为什么？魏平叔叔和魏平母亲的说法正确吗？为什么？

第五节　遗嘱

【案例介绍】

某职业学校学生小梅的奶奶已去世多年，爷爷患病住进了医院。小梅的爸爸共兄弟三人，都非常孝顺。小梅的爷爷决定在自己去世之前将财产分割好，以免日后兄弟三人因为财产纠纷影响感情，于是把医生、护士和小梅的父亲三兄弟叫到床前口述遗嘱。后来小梅的爷爷又想去公证处做遗嘱公证，经询问，公证处可以上门做公证，于是公证处应邀到医院为小梅的爷爷做了遗产分割的公证。

【案例讨论】

1. 小梅的爷爷可以在医生和护士在场的情况下口述遗嘱吗？为什么？

2. 小梅的爷爷可以请公证处的公证员上门服务吗？为什么？

【要点提示】

一、遗嘱的概念和特征

（一）遗嘱的概念

遗嘱是公民生前依法作出的处分其遗产并于公民死亡后生效的单方、要式法律行为。

（二）遗嘱的特征

（1）遗嘱是单方法律行为。

（2）遗嘱是死后生效的法律行为。

（3）遗嘱是要式法律行为。

（4）遗嘱是遗嘱人亲自进行的法律行为。

（5）遗嘱是处分行为。

（6）遗嘱是合法行为。

二、遗嘱继承的实质要件

（1）被继承人所立的遗嘱合法有效。

（2）继承人没有放弃或丧失继承权。

（3）不存在效力优先于遗嘱继承的遗产转移方式。

这三项要件全部具备时，发生遗嘱继承，缺少任何一个要件，皆不发生遗嘱继承。

三、遗嘱的形式要件

我国《继承法》规定了公证遗嘱、自书遗嘱、代书遗嘱、录音遗嘱和口头遗嘱五种形式，并对不同方式的遗嘱，提出了不同的形式上的要求。

（1）公证遗嘱：由遗嘱人经公证机关办理。

（2）自书遗嘱：由遗嘱人亲笔书写，签名，注明年、月、日。

（3）代书遗嘱：应当有两个以上见证人在场见证，由其中一人代书，注明年、月、日，并由代书人、其他见证人和遗嘱人签名。

（4）录音遗嘱：以录音形式立的遗嘱，应当有两个以上见证人在场见证。

（5）口头遗嘱：遗嘱人在危急情况下，可以立口头遗嘱。口头遗嘱应当有两个以上见证人在场见证。危急情况解除后，遗嘱人能够用书面或者录音形式立遗嘱的，所立的口头遗嘱无效。

遗嘱人以不同形式立有数份内容相抵触的遗嘱，其中有公证遗嘱的，以最后所立公证遗嘱为准；没有公证遗嘱的，以最后所立的遗嘱为准。

四、遗嘱的撤销和变更

遗嘱的撤销，是遗嘱人通过一定的方式将已经设立的遗嘱废止的行为。遗嘱的变更是遗嘱人对原立遗嘱进行部分改变的行为。

遗嘱是立遗嘱人单方的法律行为，因此，遗嘱设立后的撤销、变更是遗嘱人随时都可行使的一项重要权利。我国《继承法》第二十条第一款规定：“遗嘱人可以撤销、变更自己所立的遗嘱。”

【案例分析】

1. 结合法律分析：小梅的爷爷前后做的两次遗嘱分别是什么形式的？

2. 结合法律分析：小梅的爷爷前后两次遗嘱哪个有法律效力？为什么？

【学习感悟】

通过学习，我了解了______

通过案例分析，我学会了______

通过案例讨论，我提高了______

通过案例讨论，我印象最深的是______

【实例应用】

某职高学生小胡的奶奶早已去世，爷爷患重病住在医院。小胡有一个叔叔和一个姑姑，起初小胡的叔叔和姑姑都去医院看望和照顾小胡的爷爷，小胡的爷爷担心自己死后，子女为遗产分割发生纠纷，于是立下遗嘱，将自己多年积攒的 60 万元、两处房产平均分给小胡的父亲、叔叔和姑姑。小胡的叔叔和姑姑见到了遗嘱，一反常态，不再去医院照看小胡的爷爷。只有小胡的父母守候在医院侍奉老人。小胡的爷爷对小胡的叔叔和姑姑的做法非常生气，决定撤销原来订立的遗嘱，把所有财产都给小胡的父亲，并把公证处的公证员找到医院做了变更遗嘱的公证。小胡的叔叔和姑姑得知此事后，到医院强迫小胡的爷爷恢复使用原来的遗嘱，结果小胡的爷爷被闹得病情加重。事后小胡的父亲将小胡的叔叔和姑姑诉至法院。试用法学原理分析：小胡爷爷前后立下的遗嘱中，哪个具备法律效力？为什么？如果你是法官应怎样判理此案？

图书在版编目（CIP）数据

中职生法律案例解析/郎月田主编. —北京：中国人民大学出版社，2011.9
中等职业教育规划教材
ISBN 978-7-300-14191-6

Ⅰ.①中… Ⅱ.①郎… Ⅲ.①中职生法-案例-分析-中国-中等专业学校-教材 Ⅳ.①D922.183.5

中国版本图书馆 CIP 数据核字（2011）第 164877 号

中等职业教育规划教材
中职生法律案例解析
主编 郎月田
主审 张俊英

出版发行 中国人民大学出版社
社　　址 北京中关村大街 31 号　　**邮政编码** 100080
电　　话 010－62511242（总编室）　010－62511398（质管部）
010－82501766（邮购部）　010－62514148（门市部）
010－62515195（发行公司）　010－62515275（盗版举报）
网　　址 http://www.crup.com.cn
http://www.ttrnet.com（人大教研网）
经　　销 新华书店
印　　刷 天津鑫丰华印务有限公司
规　　格 185 mm×260 mm　16 开本　**版　　次** 2011 年 9 月第 1 版
印　　张 7.75　**印　　次** 2022 年 7 月第 13 次印刷
字　　数 155 000　**定　　价** 18.00 元

教师信息反馈表

为了更好地为您服务，提高教学质量，中国人民大学出版社愿意为您提供全面的教学支持，期望与您建立更广泛的合作关系。请您填好下表后以电子邮件或信件的形式反馈给我们。

您使用过或正在使用的我社教材名称		版次	
您希望获得哪些相关教学资料			
您对本书的建议(可附页)			
您的姓名			
您所在的学校、院系			
您所讲授课程的名称			
学生人数			
您的联系地址			
邮政编码		联系电话	
电子邮件（必填）			
您是否为人大社教研网会员	□ 是　会员卡号：________ □ 不是，现在申请		
您在相关专业是否有主编或参编教材意向	□ 是　　□ 否 □ 不一定		
您所希望参编或主编的教材的基本情况（包括内容、框架结构、特色等，可附页）			

我们的联系方式：北京市海淀区中关村大街 31 号

人大出版社教育分社

邮政编码：100872

电话：010－62515912

网址：http://www.crup.com.cn/jiaoyu/

E-mail：jyfs_2007@126.com